東京書籍ユーザーのための

ワーク&テスト

ニューホライズン 1 年

東京書籍

特色

● 本書は，東京書籍の教科書「NEW HORIZON 1年」に完全準拠したワークブックです。
● 教科書の Unit ごとに，Key Sentence や New Words の確認から練習へと，ステップを踏んで学習できるようにくふうしました。
● 巻末の「定期テスト予想問題」には，定期テストに備えて筆記・リスニングの両面で実践的なトレーニングができるように，配点付き問題を掲載しました。

構成と使い方

解答が赤文字で示された問題では，暗記用フィルターが使えます。

基本ワーク
教科書の内容をチェック！

● **Key Sentence，New Words … 左ページ**
教科書の Key Sentence について，わかりやすく図解をまじえて解説しています。New Words については語句のつづりや意味を確かめる問題を設けています。

● **基本問題 … 右ページ**
Key Sentence の解説で理解したことを定着・発展させる基本問題を設けています。また，パートによっては「教科書内容の確認」を設け，教科書本文の理解を確認できるようにしています。

総合問題
実践的な問題でトレーニング！

Unit ごとにまとめた，実践的な問題です。文法や語句・表現のまとめや，長文読解など，定期テストにも出題される問題で構成しています。

定期テスト予想問題
テスト問題で最後の仕上げ！

教科書の Unit ごとにまとめた定期テストの予想問題です。リスニング問題も入っていますので，音声を再生して，実際のテストと同じように時間を計って採点しましょう。定期テストの直前に学習すると効果的です。

解答と解説

本編の問題ごとにわかりやすい解説を示しています。別冊なので取り外して，問題のページと照らし合わせて使うことができます。間違えた問題は解説をもとにもう一度挑戦してみましょう。

別冊ハンドブック
基本文・重要語句チェック

Unit ごとに基本文と重要語句を確認できる，別冊ハンドブックです。簡単に取り外せて持ち運びができるので，暗記用フィルターを使って，いつでもどこでも手軽にチェックできます。

QRコードで音声チェック！

QRコード

● QRコードを読み取ると，各Unit の Key Sentence の音声を聞くことができます。リスニング問題の音声も入っています。

● 【使い方】
① スマートフォンやタブレットでQRコードを読み取りましょう。
② Unit を選択して Key Sentence の音声を再生しましょう。

【動作環境】
インターネットに接続されていること。　※インターネット接続に伴う通信費は利用者のご負担となります。
Android 5.1以降 + Google Chrome ／ iOS9 以降 + Safari ／ iPadOS + Safari

ワーク&テスト NEW HORIZON 1

目次

Unit 0 Welcome to Junior High School

Part ①

小学校で習った表現　**4つの場面での会話**

「あいさつ」「先生の指示」「好きなもの」「入りたい部活動」の言い方

① Hi. I'm Asada Shota. Nice to meet you.
（こんにちは。ぼくは浅《あさ》田《だ》翔《しょう》太《た》です。はじめまして。）

② Make groups of four.
（4人のグループを作ってください。）

③ What food do you like? —— I like curry and rice.
（あなたはどんな食べ物が好きですか。—— 私はカレーライスが好きです。）

④ I want to join the dance team. I can dance well.
（私はダンス部に入りたいです。私はじょうずにおどることができます。）

① はじめて出会うクラスメートにあいさつをするときは，Nice to meet you.（はじめまして）とあいさつをするほかに，自分の名前を名乗ったり，相手の名前をたずねたりする。

What's your name?　（あなたの名前は何というの？）
—— My name is Sato Kana.（私の名前は佐《さ》藤《とう》加《か》奈《な》です。）

② 授業中に先生から出される英語での指示はいろいろある。
Stand up.　（立ちなさい。）　Sit down.　（すわりなさい。）
Open your book to page six.　（教科書の6ページを開きなさい。）

③ 相手の好きなものをたずねるときにはWhat ... do you like? の文を使う。答えるときにはI like ....の文を使う。

What food do you like?
└color（色）やsport（スポーツ）を使ってたずねてもよい

④ 自分の入りたい部活について言うときは，I want to join the ... team [club]. の文を使う。

I want to join the art club.　（私は美術部に入りたいです。）

1 絵を見て，先生がどのような指示を出しているか，下のア～ウから選びなさい。

(1) (2) (3)

□(1)　(　　　)　□(2)　(　　　)　□(3)　(　　　)

ア　Raise your hand.
イ　Be quiet.
ウ　Close your book.

Navi
次の意味の指示をしている

(1)教科書を閉じてください。
(2)手をあげてください。
(3)静かにしてください。

2 会話が成り立つように，左と右の文を線でつなぎなさい。

□(1) Nice to meet you. •	• I like orange.
□(2) What color do you like? •	• Nice!
□(3) I can dance well. •	• Nice to meet you, too.

Navi
次の意味の会話になるようにする

(1)はじめまして。
── はじめまして。
(2)あなたは何色が好きですか。
── オレンジ色が好きです。
(3)私はじょうずにおどれます。
── いいね！

3 次の会話文が成り立つように，(1)～(3)に入る正しい文を下のア～ウからそれぞれ選んで書きなさい。

A：Hi. I'm Ito Ken. Nice to meet you. (1)(　　　)
B：My name is Tanaka Eri. Nice to meet you, too.
A：(2)(　　　)
B：I like basketball. (3)(　　　) I can run fast.
A：Nice! I want to join the tennis team.

□(1)　(　　　)　□(2)　(　　　)　□(3)　(　　　)

ア　I want to join the basketball team.
イ　What sport do you like?
ウ　What's your name?

Navi
次の意味の会話になるようにする

A：こんにちは。ぼくは伊藤ケンです。はじめまして。あなたの名前は何というの？
B：私の名前は田中エリです。はじめまして。
A：あなたは何のスポーツが好きですか。
B：私はバスケットボールが好きです。私はバスケットボール部に入りたいです。私は速く走ることができます。
A：いいね！ぼくはテニス部に入りたいです。

解答 p.1

Unit 0 Welcome to Junior High School

Part ②

アルファベットと単語 英語の音と文字

アルファベットや単語，文の読み方と書き方

英語で使う文字を「アルファベット」と言い，それぞれ大文字と小文字がある。

●大文字

A B C D E F G H I J K L M N O P Q R S T U V W X Y Z

●小文字

a b c d e f g h i j k l m n o p q r s t u v w x y z

アルファベットには，A(エィ)，B(ビー)，… のような文字の「名前」と，
単語を読むときに使う，A(ア，エィ)，B(ブ)，… のような文字が表す「音」がある。

1 大文字と小文字を，「名前」を声に出しながらなぞりましょう。

□

A a ［エィ］　B b ［ビー］　C c ［スィー］　D d ［ディー］　E e ［イー］

F f ［エフ］　G g ［ジー］　H h ［エイチ］　I i ［アイ］　J j ［ジェイ］

K k ［ケイ］　L l ［エル］　M m ［エム］　N n ［エン］　O o ［オゥ］

P p ［ピー］　Q q ［キュー］　R r ［アー］　S s ［エス］　T t ［ティー］

U u ［ユー］　V v ［ヴィー］　W w ［ダブリュー］　X x ［エクス］　Y y ［ワイ］

Z z ［ズィー］

小文字は高さに気をつけて書こう。

2 絵に合うように，単語を完成させなさい。

(1) 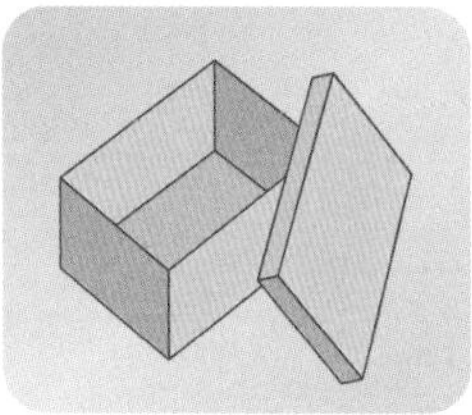

(2) 

(3) 

□(1) b x　□(2) fi　□(3) r bb t

Navi
それぞれの単語を声に出しながら書く

(1)「オ」と発音する文字を入れる。
(2)「シュ」と発音する2文字を入れる。
(3)「ア」，「イ」と発音する文字を入れる。

3 しりとりになるように，たりないアルファベットを書き入れなさい。

□(1) リンゴ → 卵 → ギター

appl　g　uitar

□(2) ボール → ライオン → 看護師

bal　io　urse

Point
(1) eは発音しないときがある。

4 次の単語の__に共通して入るアルファベットを書きなさい。

(1) 

h_t / _pron

(2) 

d_sk / _vening

(3) 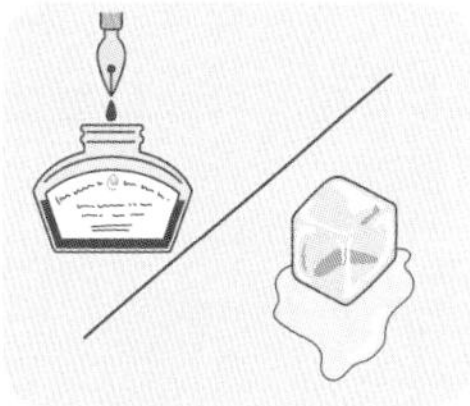

_nk / _ce

□(1)　□(2)　□(3)

Point
同じ文字でも発音が異なることに着目する。

5 英語の文を書くルールに沿って，次の文を正しく書き直しなさい。誤りは6つあります。

「こんにちは。私はリカです。あなたの名前は何ですか。」

hi. i'm rika. Whats yourname.

⬇

□

Point
・文は大文字で書き始める。
・「私は」という意味のIはいつも大文字。
・単語と単語の間はあける。
・質問する文の最後はクエスチョンマーク(?)をつける。

解答 p.1

Unit 1 New School, New Friends

Part ①

Key Sentence 1・2　be動詞や一般動詞の肯定文

「私は…です」「私は…します」という言い方

① **I am** Meg Brown.
（私はメグ・ブラウンです。）

② **I like** Japanese food.
（私は日本食が好きです。）

自分の名前や年齢《ねんれい》，出身地，気持ちなどを，「私は…です」と言うときは，be動詞のam「…です」を使って，**I am ....** の文で表す。

「私は…です」　I am Meg Brown.（Meg：名　Brown：姓）

I'm from Australia.　（私はオーストラリア出身です。）
I'm：I amの短縮形

自分の好きなものやすることを，「私は…します」と言うときは，be動詞のかわりにlike「…が好きである」などの**一般動詞**を使って表す。

「私は…が好きだ」　I like Japanese food.
I like：私は…が好きです

1つの文に，be動詞と一般動詞をいっしょに使わないよ。

自分について言うときによく使う一般動詞	
like	…が好きである
love	…が大好きである
have	…を持っている[…がいる]

Check!

私はエイミー・クックです。
(　I　)(　am　) Amy Cook.

私は緑茶が好きです。
(　I　)(　like　) green tea.

New Words

① …を(～と)呼ぶ　(　call　)　② しばしば，よく　(　often　)

1 絵を見て，「私は…です」という文を作りなさい。

例 I am Nakajima Saki

(1)

Riku

(2)

from Osaka

(3)

hungry

Navi
それぞれ次の意味の文を作る

(1)私はリクです。
(2)私は大阪出身です。
(3)私は空腹です。

□(1) I ______ Riku.

□(2) ______ ______ from Osaka.

□(3) ______ hungry.

2 日本語に合う英語になるように，______に正しい語を入れなさい。

□(1) 私をメグと呼んでください。

______ ______ Meg.

□(2) 私は12歳です。

______ twelve.

□(3) 私はすしが大好きです。

I ______ sushi.

Point
・「…を(～と)呼ぶ」→call
・I amの短縮形はI'm アポストロフィ(')をつける。

3 日本語に合う英語になるように，語句を正しく並べかえなさい。

□ 私はよく緑茶を飲みます。

drink / I / green tea / often / .

______

Point
・often(よく)のようにひん度を表す語は，一般動詞の前，またはbe動詞のあとに置く。

教 科書内容の確認

教科書13ページの本文の内容について，質問に日本語で答えなさい。

□(1) メグはどこの国から来ましたか。 (　　　　　　　　)

□(2) メグの大好きな日本食は何ですか。 (　　　　　　　　)

解答 p.1

Unit 1 New School, New Friends

Part ②

Key Sentence 3・4　be動詞や一般動詞の疑問文

「あなたは…ですか」「あなたは…しますか」という言い方

③ **Are you** from Sydney**?** ── **Yes,** I **am**. [**No,** I **am not**.]
（あなたはシドニー出身ですか。── はい，そうです。[いいえ，ちがいます。]）

④ **Do you** play cricket**?**
（あなたはクリケットをしますか。）

── Yes, I **do**. [No, I **do not**. I **do not** play cricket.]
（── はい，します。[いいえ，しません。私はクリケットをしません。]）

「あなたは…ですか」とbe動詞を使ってたずねるときは，主語のyouの前にbe動詞のareを置いて，**Are you …?** の文で表す。

「あなたは…ですか」　Are you from Sydney?
youのときはareを使う　└クエスチョンマーク

Are you …? とたずねられたら，Yes, I am. または No, I am not. と答える。
Iのときはamを使う

「あなたは…しますか」と一般動詞を使ってたずねるときは，主語のyouの前にdoを置いて，**Do you …?** の文で表す。

「あなたは…しますか」　Do you play cricket?
youの前にdoを置く┘　一般動詞　└クエスチョンマーク

Do you …? とたずねられたら，Yes, I do. または No, I do not [don't]. と答える。

Check!

あなたは北海道の出身ですか。── はい，そうです。
(　Are　) (　you　) from Hokkaido?
── (　Yes　), I (　am　).

New Words

① だから，それで　(　so　)　② ただ…だけ　(　just　)

1 絵の人物になったつもりで，質問に答えなさい。

(1)

(2)

□(1) Are you a rugby fan?

— ________, I ________.

□(2) Do you play tennis?

— ________, I ________ ________.

Navi

質問の文の意味は次のとおり

(1)あなたはラグビーのファンですか。
(2)あなたはテニスをしますか。

2 日本語に合う英語になるように，____に正しい語を入れなさい。

□(1) あなたはミサキですか。

________ ________ Misaki?

□(2) あなたはクリケットもしますか。

________ ________ play cricket, too?

□(3) サッカーについてはどうですか。

________ ________ soccer?

Point

・「…についてはどうですか。」
→How about ...?

3 日本語に合う英語になるように，語を正しく並べかえなさい。

□ 私はバスケットボールを見ません。

watch / do / basketball / I / not / .

____

Point

・「私は…しません。」
→I do not ....

教科書内容の確認

教科書14 ～ 15ページの本文の内容について，質問に日本語で答えなさい。

□(1) 海斗《かいと》はなぜメグがラグビーのファンだと思ったのですか。

(　　　　　　　　　　　　　　　　　　　　　　　　　　)

□(2) メグがファンではあるけれど，自分はしないスポーツは何ですか。

(　　　　　　　　　　　　　　　　　　　　　　　　　　)

解答 p.1

Unit 1 New School, New Friends

Part ③

Key Sentence 5・6 canを使った文

「…できる」「…できない」「…できますか」という言い方

⑤ I **can** read *hiragana*.
(私はひらがなを読むことができます。)

I **cannot** read kanji.
(私は漢字を読むことができません。)

⑥ **Can you** read kanji**?**
(あなたは漢字を読むことができますか。)

── Yes, I **can**. [No, I **cannot**.]
(── はい，読めます。[いいえ，読めません。])

「…できる」と言うときは，**動詞の前にcan**を置く。

「…できる」　I can read *hiragana*.
can＋動詞

「…できない」と言うときは，**動詞の前にcannotまたはcan't**を置く。

「…できない」　I cannot read kanji.
cannot＋動詞

cannotはcan not
とせずに1語で表すよ。

「…できますか」とたずねるときは，**canを主語の前に**出す。

「…できますか」　Can you read kanji?
主語の前にcanを出す　動詞

Can ...? とたずねられたら，Yes, I can. または No, I cannot [can't]. と答える。

Check!
あなたはスキーをすることができますか。── いいえ，できません。
(Can) (you) ski? ── (No), I (cannot [can't]).

New Words
① しかし，けれども (but)　② そこに[で，へ] (there)

1 絵の人物になったつもりで，質問に答えなさい。

(1)

(2)

Navi
質問の文の意味は次のとおり

あなたたちは今，テニスをすることができますか。

□(1) Can you play tennis now?　　※now　今

—— ______, we ______.

□(2) Can you play tennis now?

—— ______, we ______.

2 日本語に合う英語になるように，____に正しい語を入れなさい。

Point
・「あなたは…できますか。」
→Can you＋動詞…?

□(1) あなたは体育館が見えますか。

______ ______ see the gym?

□(2) 私たちはそこでバドミントンができます。

We ______ play badminton ______.

□(3) ありがとう。

______ ______.

3 日本語に合う英語になるように，語を正しく並べかえなさい。

□　ケンは日本語を話すことができません。

speak / Japanese / cannot / Ken / .

______

Point
・主語が何であってもcanの使い方は変わらない。

教科書内容の確認

教科書16～17ページの本文の内容について，質問に日本語で答えなさい。

□(1) 朝美《あさみ》とメグがするスポーツは何ですか。　(　　　　　　　　　　)

□(2) メグは毎日何をしていますか。　(　　　　　　　　　　)

解答 p.2

Unit 0·1 総合問題

教科書 4 ▸ 17

1 語句・表現 絵に合う単語になるように，アルファベットを正しく並べかえなさい。

(1)

[i y c t]

□ ______

(2)

[i s g n]

□ ______

(3)

[r h m t o e]

□ ______

(4)

[o d w w n i]

□ ______

2 語句・表現 日本語に合う英語になるように，______に正しい語を入れなさい。

□(1) 私をケンと呼んでください。

______ ______ Ken.

□(2) ラグビーについてはどうですか。

______ ______ rugby?

□(3) 私は少しだけ日本語を話します。

I speak Japanese just ______ ______.

□(4) 私は毎日勉強します。

I study ______ ______.

3 文法 (　　)に入る正しい語を選んで書きなさい。

□(1) I (am, like) from Kumamoto. ______

□(2) Are you twelve? ── Yes, I (am, are). ______

□(3) Do you play tennis? ── No, I (not, don't). ______

ヒント

2(1) 「…を(～と)呼ぶ」＝call …　(4) 「毎…」＝every …

3(2) be動詞は文の主語に合わせる。　(3) Do you …?の文にはdoを使って答える。

4 文法　各文を(　　)内の指示にしたがって書きかえなさい。

□(1)　I drink green tea.（否定文に）

□(2)　I cook curry and rice.（「…できる」という意味の文に）

□(3)　You can play the guitar.（疑問文に）

5 読解　対話文を読んで，あとの問いに答えなさい。

Asami：　Do you play badminton?
Meg：　Yes, I do.
Asami：　Good!　①Me, too.　Well, ②can you see the gym?
Meg：　Yes, I can.
Asami：　We can play badminton there.
Meg：　Great.

□(1)　下線部①はどのようなことに対して言っていますか。日本語で書きなさい。
(　　　　　　　　　　　　　　　　　　　　　　　　　　　　　　　　　　　)

□(2)　下線部②を日本語にしなさい。
(　　　　　　　　　　　　　　　　　　　　　　　　　　　　　　　　　　　)

□(3)　本文の内容について，朝美《あさみ》になったつもりで質問に英語で答えなさい。
Can you play badminton in the gym?
——

ヒント
4(2)「…できる」＝can＋動詞のもとの形　(3) canの疑問文は，canを主語の前に出す。
5(1)　Me, too.＝「私もです。」　(3) 朝美の３つめの発言にあるthereはin the gymを指す。

解答 p.2

Unit 2 Our New Teacher

Part ①

Key Sentence 7・8　be動詞(is)の文

「これ[あれ]は…です」「彼[彼女]は…です」という言い方

⑦ **This is** Kaito.
（こちらは海斗《かいと》です。）

This is Ms. Cook.
（こちらはクック先生です。）

He is in Class 1B.
（彼は１年Ｂ組です。）

She is our teacher.
（彼女は私たちの先生です。）

He is not in Class 1A.
（彼は１年Ａ組ではありません。）

She is not from Australia.
（彼女はオーストラリア出身ではありません。）

⑧ **Is that** a fish market**?**
（あれは魚市場《うおいちば》ですか。）

―― Yes, **it** is. [No, **it** is not.]
（―― はい，そうです。[いいえ，ちがいます。]）

近くの人やものを指すときは**this**，遠くのときは**that**を使って表す。
また，すでに話題になった人やものを指すときは，男性は**he**，女性は**she**，ものは**it**で表す。このとき使うbe動詞は**is**。

This is Kaito.　He is in Class 1B.
こちらは…です　　彼は…です

He is not in Class 1A.
└「…ではありません」はisのあとにnotを入れる

Is that a fish market? ―― Yes, it is.
isを文のはじめに

※Is he ...?にはhe，Is she ...?にはsheを使って答える。

Check! こちらはメグです。彼女は私たちの同級生です。
(　This　)(　is　) Meg. (　She　)(　is　) our classmate.

New Words
① 市場　(　market　)　② 人気のある　(　popular　)

1 絵を見て，質問に答えなさい。

(1)

(2)

Navi
質問の文の意味は次のとおり

(1)これはネコですか。
(2)彼女は先生ですか。

□(1) Is this a cat?

— No, ＿＿＿ ＿＿＿.

□(2) Is she a teacher?

— Yes, ＿＿＿ ＿＿＿.

2 日本語に合う英語になるように，＿＿＿に正しい語を入れなさい。

□(1) 彼はあなたの先生ですか。

＿＿＿ ＿＿＿ your teacher?

□(2) 彼女はアメリカ出身ではありません。

＿＿＿ ＿＿＿ from America.

□(3) はじめまして。

＿＿＿ ＿＿＿ ＿＿＿ you.

Point
・「彼は…ですか。」
　→Is he ...?
・is not→isn't

3 日本語に合う英語になるように，語句を正しく並べかえなさい。なお，文のはじめにくる語も小文字で示してあります。

□ そのレストランはとてもこんでいます。

crowded / is / the restaurant / very / .

＿＿＿＿＿＿＿＿＿＿＿＿＿＿＿＿

Point
・「とても…」
　→very ...

教科書内容の確認

教科書20～21ページの本文の内容について，質問に日本語で答えなさい。

□(1) クック先生の出身地はどこですか。　(　　　　　)

□(2) クック先生は最初，すし店のことを何だと思いましたか。　(　　　　　)

解答 p.2

Unit 2 Our New Teacher

Part ②

Key Sentence 9・10　What [Who] is ...?の文

「…は何ですか」「…はだれですか」という言い方

⑨ **What** is this**?** —— It is the symbol for "school."
（これは何ですか。—— それは「学校」の記号です。）

⑩ **Who** is that**?** —— That is Josh.
（あちらはだれですか。—— あちらはジョシュです。）

ものを指して，「これ[あれ]は何ですか」とたずねるときは，**What is ...?** と言う。

「…ですか」　Is this the symbol for "school"?

「…は何ですか」　What（何） is this? —— It is the symbol for "school."
（it を使って答える）

人を指して，「こちら[あちら]はだれですか」とたずねるときは，**Who is ...?** と言う。

「…はだれですか」　Who（だれ） is that? —— That is Josh.
（＝That's）

※what is ＝ what's
※who is　＝ who's

Who is ...?の文には，He is .... や She is ....の文で答えてもいいよ。

Check!　あれは何ですか。—— それはレストランです。
（ What ）（ is ）that?
——（ It ）（ is ）a restaurant.

New Words
① ピクニック　（ picnic ）　② 区域，場所　（ area ）
③ 本当ですか　（ really ）　④ おもしろい，興味深い（interesting）

1 絵を見て，質問に答えなさい。

(1)

(2)

Navi
質問の文の意味は次のとおり
(1)これは何ですか。
(2)こちらはだれですか。

□(1) What is this?

____ ________ ________ *uchiwa*.

□(2) Who is this?

____ ________ ________ Ms. Yamada.

2 日本語に合う英語になるように，＿＿に正しい語を入れなさい。

□(1) あれは何ですか。

________ ________?

□(2) わかりました。

________ ________.

□(3) それは興味深いですね。

________ ________.

Point
・what is→what's
・「わかる」→see
・that is→that's

3 日本語に合う英語になるように，語を正しく並べかえなさい。なお，文のはじめにくる語も小文字で示してあります。

□ それは私たちの町の地図です。

our / map / it's / town / .

____

Navi
・「私たちの」「町の」「地図」の語順にする。

教科書内容の確認

教科書22 ～ 23ページの本文の内容について，質問に日本語で答えなさい。

□(1) クック先生は地図記号についてどのように思いましたか。

(　　　　　　　　　　　　　　　　　　　　　　)

□(2) 海斗《かいと》はクック先生にどこ出身のだれを紹介しましたか。

(　　　　　　　　　　　　　　　　　　　　　　)

解答 p.2

Unit 2 Our New Teacher

Part ③

Key Sentence 11・12 How [What] do you ...?の文

「あなたはどのように[何を]…しますか」という言い方

⑪ **How** do you come to school**?** —— I walk to school.
（あなたはどのように学校に来ますか。—— 私は歩いて学校に来ます。）

⑫ **What** do you have for breakfast**?** —— I have toast.
（あなたは朝食に何を食べますか。—— 私はトーストを食べます。）

相手に，「どのように…しますか」「何を…しますか」とたずねるときは，
How [What] do you＋一般動詞 ...? の語順にする。

「…しますか」　Do you come to school?

「どのように…しますか」　How do you come to school?
どのように

「～で」と交通手段を答えるときは，**by＋乗り物名**で答えることもできる。

By bike.　（自転車で。）
└ bus「バス」やtrain「電車」などの乗り物名

「…しますか」　Do you have toast for breakfast?

「何を…しますか」　What do you have　for breakfast?
何

Check!

あなたはどのように公園に来ますか。—— 私は歩いて公園に来ます。
（ How ）do you come to the park? —— I（ walk ）（ to ）the park.

あなたは昼食に何を食べますか。—— 私はそばを食べます。
（ What ）do you have for lunch? —— I（ have ）*soba*.

New Words

① …に聞こえる[思える]（ sound ）　② 来る（ come ）
③ …もまた，そのうえ（ also ）　④ …の近く[まわり]に（ around ）

1 絵を見て，質問に答えなさい。

(1)

(2)

Navi
質問の文の意味は次のとおり
(1)あなたはどのように学校に来ますか。
(2)あなたは毎日何を食べますか。

□(1) How do you come to school?

— I come to school ____ ____.

□(2) What do you have every day?

— I ____ ____.

2 日本語に合う英語になるように，____に正しい語を入れなさい。

□(1) あなたはどのように日本語の勉強をしますか。

____ ____ you study Japanese?

□(2) あなたはどうですか。

____ ____ ____?

□(3) よさそうですね。

____ nice.

Point
・「どのように」→how
・「…そうですね。」
→Sounds ....

3 日本語に合う英語になるように，語を正しく並べかえなさい。なお，文のはじめにくる語も小文字で示してあります。

□ あなたはいつも何を飲みますか。

do / drink / you / what / usually / .

____

Point
・ひん度を表す語は一般動詞の前に置く。

教科書内容の確認

教科書24 ～ 25ページの本文の内容について，質問に日本語で答えなさい。

□(1) クック先生はどこに住んでいますか。

(　　　　　　　　　　　　　　　　　　　　　　　　　　　　　　)

□(2) 海《かい》斗《と》は朝食に何を食べますか。

(　　　　　　　　　　　　　　　　　　　　　　　　　　　　　　)

解答 p.3

Unit 2 総合問題

教科書 20 ▸ 25

1 語句・表現 日本語に合う英語になるように，____に正しい語を入れなさい。

□(1) こちらこそ，はじめまして。

____ to ____ you, ____.

□(2) おはようございます。

____ ____.

□(3) おもしろそうですね。

____ interesting.

2 文法 ( )に入る正しい語を選んで書きなさい。

□(1) This (are, is) my friend, Yui. ____

□(2) Is that a guitar? —— No, (it, that) is not. ____

□(3) (What, Who) is this? —— It's onigiri. ____

3 文法 各文を( )内の指示にしたがって書きかえなさい。

□(1) That is a fish market. (否定文に)

____

□(2) This is <u>my math teacher.</u> (下線部が答えになる疑問文に)

____

□(3) We drink <u>green tea</u> for breakfast. (下線部が答えになる疑問文に)

____

ヒント

1(1) 「…もまた」＝, too

2(2) 前に話題になった「もの」はitで表す。

3(2) 「…はだれですか。」とたずねる文。 (3) 「あなたは何を…しますか。」とたずねる文。

4 文法　日本語に合う英語になるように，語句を正しく並べかえなさい。なお，文のはじめにくる語も小文字で示してあります。

□(1)　彼女は私の同級生ではありません。

my / she's / classmate / not / .

□(2)　彼は人気のある選手ですか。

he / popular / a / player / is / ?

□(3)　その漢字はどのように読むのですか。

the kanji / do / read / how / you / ?

5 読解　対話文を読んで，あとの問いに答えなさい。

クック先生のはじめての授業で，朝美《あさみ》が質問しています。

Asami：　Do you live around here?

Ms. Cook：　Yes, I do.

Asami：　How do you come to school?　By bike?

Ms. Cook：　No. I walk to school.

□(1)　下線部の意味を日本語で書きなさい。

(　　　　　　　　　　　　　　　　　　　　　　　　　　　　)

(2)　本文の内容について，クック先生になったつもりで質問に英語で答えなさい。

□①　Do you live around your school?

□②　Do you come to school by bike?

ヒント

4(2)　be動詞を主語の前に出して疑問文にする。　(3)　疑問詞howのあとに疑問文を続ける。

5(2)　①朝美の最初の発言のhereは学校のこと。　②クック先生の２つめの発言に着目。

解答 p.3

Grammar for Communication ①　教科書 26 ▸ 27

be動詞と一般動詞

英語の文に使われる動詞にはbe動詞と一般動詞がある。
be動詞を使った文と一般動詞を使った文の作り方のちがいを確認する。

be動詞の文　主語(S)　動詞(V)　補語(C)

肯定《こうてい》文「…である」

You **are** Saki.

★be動詞には「…にいる[ある]」という意味もある。

否定文「…ではない」

You **are not** Saki.

★be動詞のあとにnotを置く。

疑問文「…ですか」

You are Saki.

Are you Saki?

── Yes, **I am**. / No, **I am not**.

主語	be動詞の形
I	am
you, 複数の人やもの	are
he, she, it, 人の名前など	is

★be動詞にはam, are, isの３つがあり，主語に合わせて使い分ける。

一般動詞の文　主語(S)　動詞(V)　目的語(O)

肯定文「…する」

I **play** tennis.

★一般動詞は「動作」や「状態」を表す。

否定文「…しない」

I **do not play** tennis.

★一般動詞の前にdo not [don't]を置く。

疑問文「…しますか」

I **play** tennis.

Do you **play** tennis?

── Yes, **I do**. / No, **I do not** [**don't**].

★主語がI, you, 複数の人やもののときはdoを使う。

動作を表す一般動詞
play, study,
come, walkなど

状態を表す一般動詞
like, live,
know, wantなど

1 (　　)に入る正しい語を選んで書きなさい。

□(1) This (am, is) a map.

□(2) (Are, Do) you like green tea?

2 ______に入る語を，下から選んで書きなさい。

□(1) ______ you hungry? ── Yes, I ______ .

□(2) He's ______ a soccer fan.

□(3) We ______ walk to school.

not	don't	am	are

3 日本語に合う英語になるように，______に正しい語を入れなさい。

□(1) 私は先生ではありません。

______ ______ a teacher.

□(2) ケンは12歳ですか。── はい，そうです。

______ Ken twelve? ── Yes, ______ ______ .

□(3) サリーとユキはこのあたりに住んでいますか。

______ Sally and Yuki ______ around here?

4 日本語に合う英語になるように，語句を正しく並べかえなさい。なお，文のはじめにくる語も小文字で示してあります。

□(1) あれはあなたたちの学校ですか。

that / school / is / your / ?

____

□(2) 私たちは熊本出身ではありません。

from / are / Kumamoto / not / we / .

____

□(3) 私はよくその市場に来ます。

often / the market / to / I / come / .

____

解答 p.3

Unit 3 Club Activities

Part ①

Key Sentence 13・14　Where do you ...?　Where [When] is ...?の文

「どこで…しますか」「…はどこ[いつ]ですか」という言い方

⑬ **Where** do you practice**?** ── We practice in the music room.
（あなたたちはどこで練習しますか。── 私たちは音楽室で練習します。）

Where is Midori Hall**?** ── It is near the station.
（緑《みどり》ホールはどこですか。── それは駅の近くです。）

⑭ **When** is the next concert**?** ── It is on July 5.
（次のコンサートはいつですか。── 7月5日です。）

「どこで…しますか」「…はどこにありますか」と場所をたずねるときは，**where** を使う。

「どこで…しますか」　Where（どこで） do you practice?（疑問文）

「…はどこですか」　Where（どこに） is（be動詞） Midori Hall?

※場所を答えるときは，in「…に[で]」，near「…の近くに[で]」のような前置詞を使う。

「…はいつですか」と時をたずねるときは，**when** を使う。

「…はいつですか」　When（いつ） is（be動詞） the next concert?

※時を答えるときは，on「…に」，before「…の前に」のような前置詞を使う。

Check!
駅はどこですか。── それはあおば病院の近くです。
(Where) (is) the station? ── It is (near) Aoba Hospital.

New Words
① 次の，今度の，となりの (next)　② …の前に (before)

1 絵を見て，質問に答えなさい。

(1)

(2)

Navi
質問の文の意味は次のとおり
(1)ネコはどこにいますか。
(2)ピアノのコンサートはいつですか。

□(1) Where is the cat?

— It ______ ______ the box.

□(2) When is the piano concert?

— It's ______ ______ 10.

2 日本語に合う英語になるように，______に正しい語を入れなさい。

Point
・「いつ」
→when
・「どこで[に]」
→where

□(1) あなたの誕生日はいつですか。

______ ______ your birthday?

□(2) 博物館はどこですか。

______ ______ the museum?

□(3) ((2)に答えて)それは公園の近くです。

______ ______ the park.

3 日本語に合う英語になるように，語を正しく並べかえなさい。なお，文のはじめにくる語も小文字で示してあります。

Point
・「あなたはどこで…しますか。」
→Where do you ...?

□ あなたはどこで勉強しますか。

do / study / where / you / ?

______

教科書内容の確認

教科書30～31ページの本文の内容について，ジョシュになったつもりで質問に英語で答えなさい。

□(1) Do you play the trumpet? — ______, I ______.

□(2) Where do you have the next concert? — ______ Midori Hall.

解答 p.4

Unit 3 Club Activities

Part ②

Key Sentence 15 want to ... の文

「…したい」「…になりたい」という言い方

I **want to** win the game.
(私は試合に勝ちたいです。)

I **want to** be a good soccer player.
(私はよいサッカー選手になりたいです。)

「…したい」と言うときは，**want to＋一般動詞**を使う。

「…したい」　I want to win the game.
…したい　└ 一般動詞

「…になりたい」と言うときは，**want to be ...**を使う。

「…になりたい」　I want to be a good soccer player.
…になりたい　└ なりたいものなど

I want to be famous.　(私は有名になりたいです。)
└ なりたい状態

自分のなりたいものの前には，
aやanをつけるよ。

Check!

私はサッカーを練習したいです。
I (want) (to) practice soccer.

私は数学の先生になりたいです。
I (want) (to) (be) a math teacher.

New Words

① …に勝つ (win)　② わくわくした (excited)
③ 今日(は) (today)　④ いつか (someday)

1 絵を見て，「私は…したいです」という文を作りなさい。

例 I want to play tennis.

(1)

drink

(2)

have

(3)

speak

Navi
それぞれ次の意味の文を作る

(1)私は緑茶を飲みたいです。
(2)私はイヌを飼いたいです。
(3)私は英語を話したいです。

□(1) I ______ to ______ green tea.

□(2) I want ______ ______ a dog.

□(3) I ______ ______ ______ English.

2 日本語に合う英語になるように，______に正しい語を入れなさい。

□(1) 私は歌手になりたいです。

I ______ to ______ a singer.

□(2) お元気ですか。

______ ______ you?

3 日本語に合う英語になるように，語句を正しく並べかえなさい。

□ 私はオーストラリアに行きたいです。

want / Australia / go to / I / to / .

______

Point
・「…へ[に]行く」
→go to ...

教科書内容の確認

教科書32 ～ 33ページの本文の内容について，質問に日本語で答えなさい。

□(1) 海斗《かいと》はなぜわくわくしていますか。

(　　　　　　　　　　　　　　　　　　　　)

□(2) 海斗の将来したいことは何ですか。

(　　　　　　　　　　　　　　　　　　　　)

解答 p.4

Unit 3 Club Activities

Part ③

Key Sentence 16 How many ...?の文

「…をいくつ～ですか」という言い方

How many racket**s** do you have**?**
（あなたは何本のラケットを持っていますか。）

—— I have two racket**s**.
（—— 私は２本のラケットを持っています。）

ものの数をたずねるときは，**how many＋名詞の複数形**を使う。

「２本の…ですか」 Do you have two rackets?

「何本の…ですか」 How many rackets do you have?

How many：何本の
rackets：名詞の複数形

数を答えるときは，数字＋名詞の複数形や，数字だけで答える。

I have two rackets.

two：数
rackets：名詞の語尾にs(es)をつけて複数形にする

名詞の複数形の作り方		
sをつける	a cat→two cat**s**	a player→three player**s**
esをつける	a box→two box**es**	a coach→three coach**es**
形が変わる	a man→two **men**	a woman→three **women**

Check!
あなたは何本のえんぴつを持っていますか。
（ How ）（ many ）（ pencils ）do you have?

New Words
① …を持ってくる （ bring ） ② あれらの，それらの（ those ）
③ manの複数形 （ men ） ④ womanの複数形 （ women ）

1 絵を見て，登場人物になったつもりで質問に答えなさい。

(1)

(2)

Navi
質問の文の意味は次のとおり

(1)あなたはイヌを何匹飼っていますか。
(2)あなたは卵をいくつほしいですか。

□(1) How many dogs do you have?

— I ______ ______ dogs.

□(2) How many eggs do you want?

— I ______ ______.

2 日本語に合う英語になるように，______に正しい語を入れなさい。

□(1) 私たちは一週間に５日練習します。

We practice five days ______ ______.

□(2) 彼らは私たちのコーチです。

______ our ______.

□(3) 彼らは毎週金曜日に来ます。

They come ______ ______.

Point
・they are→they're
・曜日の前には前置詞の on を置く。

3 日本語に合う英語になるように，語を正しく並べかえなさい。なお，文のはじめにくる語も小文字で示してあります。

□ あなたはタオルを何枚持っていますか。

towels / you / have / many / do / how / ?

______

Point
・「何枚の…」
→How many …?

教科書内容の確認

教科書34～35ページの本文の内容について，朝美《あさみ》になったつもりで質問に英語で答えなさい。

□(1) Do you practice on Thursdays? — ______, I ______.

□(2) When do your coaches come? — ______ ______.

解答 p.4

Unit 3 総合問題

教科書 30 ▸ 35

1 語句・表現 日本語に合う英語になるように，＿＿に正しい語を入れなさい。

□(1) 彼らはブラスバンドに入っています。

＿＿＿＿ ＿＿＿＿ the brass band.

□(2) お元気ですか，ナツミ。

＿＿＿＿ ＿＿＿＿ ＿＿＿＿, Natsumi?

□(3) あちらの女性たちはだれですか。

Who are ＿＿＿＿ ＿＿＿＿?

2 文法 （　　）に入る正しい語を選んで書きなさい。

□(1) (When, Where) is Ms. Takeda? ＿＿＿＿

□(2) We want (for, to) watch the baseball game. ＿＿＿＿

□(3) I want to (be, am) a teacher. ＿＿＿＿

3 文法 各文を下線部が答えの中心になる疑問文に書きかえなさい。

□(1) We practice <u>in our classroom</u>.

＿＿＿＿＿＿＿＿＿＿＿＿＿＿＿＿

□(2) The next practice is <u>on May 7</u>.

＿＿＿＿＿＿＿＿＿＿＿＿＿＿＿＿

□(3) We have <u>25 teachers</u> at our school.

＿＿＿＿＿＿＿＿＿＿＿＿＿＿＿＿

ヒント

1(1) 「…に入っている」＝be動詞＋in …　(3)「あちらの」＝those

2(2) 「…したい」＝want to …

3(1) 場所をたずねる文にする。　(2) 時をたずねる文にする。　(3) 数をたずねる文にする。

4 文法　日本語に合う英語になるように，語句を正しく並べかえなさい。なお，文のはじめにくる語も小文字で示してあります。

□(1)　あなたはどこでピアノを演奏しますか。

do / play / where / the piano / you / ?

□(2)　あなたは何になりたいですか。

want / be / what / you / to / do / ?

□(3)　あなたは何匹のイヌが見えますか。

many / you / how / can / see / dogs / ?

5 読解　対話文を読んで，あとの問いに答えなさい。

Meg：　You practice soccer very hard.
Kaito：　Yes, I want to be a good soccer player.
Meg：　Is that all?
Kaito：　Well, someday I want to play in the World Cup.
Meg：　Wow. Good luck!

□(1)　下線部thatはどのようなことを指していますか。日本語で書きなさい。

(　　　　　　　　　　　　　　　　　　　　　　　　　　　　　　)

□(2)　海斗《かいと》が将来したいことは何ですか。日本語で書きなさい。

(　　　　　　　　　　　　　　　　　　　　　　　　　　　　　　)

□(3)　本文の内容について，海斗になったつもりで質問に英語で答えなさい。

What do you practice very hard?

____

ヒント

4(1)「(楽器)を演奏する」＝play the＋楽器名　(3)「あなたは…できますか」＝can you ...?
5(1)　直前の１文の内容に着目。　(2)　海斗の２つめの発言にsomeday「いつか」とある。

解答 p.4

Grammar for Communication ②

教科書 36

名詞 —— ものについて伝えよう

人やものの名前を表す語を名詞といい，数えられるものと数えられないものがある。
数えられるものは１つの場合は単数形，２つ以上の場合は複数形という。

数えられる名詞	単数形		複数形	
複数形でsまたはesがつくもの ※〈子音字＋y〉で終わる語はyをiにかえてesをつける。	a dog	→	dogs	
	an egg （母音で始まる名詞のときはan）	→	eggs	
	a bus	→	buses	
	a story	→	stories	など
	★単数形の名詞の前には冠詞《かんし》のaまたはanをつける。			
複数形で不規則に変化するもの	a child	→	children	
	a woman	→	women	など
単数形と複数形が同じ形のもの	a sheep	→	sheep	
	a fish	→	fish	など

数えられない名詞			量を表すときの言い方	
一定の形をもたないもの	water	→	a bottle [glass] of water （ボトル１本[グラス１杯]の）	
	meat	→	a slice of meat （ひと切れの）	など
目に見えないもの	English，information，music			など
人や場所，スポーツ など	Ken，Osaka，baseball			など

1 （　　）に入る正しい語を選んで書きなさい。

□(1) Do you want a (glass, glasses) of water?

□(2) We can see three (bus, buses) .

□(3) I like (cat, cats) .

2 数えられる名詞には○，数えられない名詞には×を書きなさい。

□(1) jam (　　)　□(2) ball (　　)　□(3) hat (　　)

□(4) Meg (　　)　□(5) desk (　　)　□(6) yellow (　　)

3 次の名詞の複数形を書きなさい。

□(1) book ＿＿＿＿　□(2) box ＿＿＿＿

□(3) man ＿＿＿＿　□(4) city ＿＿＿＿

4 日本語に合う英語になるように，＿＿に正しい語を入れなさい。

□(1) 私はいくらかの水がほしいです。

I want ＿＿＿＿ ＿＿＿＿ .

□(2) 私はコップ２杯の緑茶を飲みます。

I drink ＿＿＿＿ ＿＿＿＿ ＿＿＿＿ green tea.

□(3) そこにたくさんの魚が見えますか。

Can you see ＿＿＿＿ ＿＿＿＿ there?

5 次の英文を(　　)内の指示にしたがって全文を書きかえなさい。

□(1) We have two coaches in our team. （下線部を *a* に）

□(2) I have a bottle of water. （下線部を three に）

□(3) The book is interesting. （下線部を those に）

解答 p.5

Unit 4 Friends in New Zealand

Part ①

Key Sentence 17～19　命令文

「…してください」「…しないでください」という言い方

⑰ **Come** to the front.　（前に来なさい。）
⑱ **Be** brave.　（勇気を出して。）
⑲ **Don't** worry.　（心配しないで。）

「…してください」と相手に指示や助言をするときは，**動詞のもとの形(原形)**で文を始める。

「…してください」　Come to the front.
動詞の原形で文を始める

Be brave.
be動詞(am, are, is)の原形 ／ 形容詞や名詞

Be ....の文でよく使う語	
kind	(親切な)
quiet	(静かな)
careful	(注意深い)

「…しないでください」と相手に指示や助言をするときは，
Don't＋動詞のもとの形(原形)....の形を使う。

「…しないでください」　Don't worry.
Don't＋動詞の原形

※文頭や文末に，pleaseをつけることもある。
Don't worry, please.　（どうぞ心配しないでください。）
コンマ

Check!
・音楽室に来なさい。
（　Come　）to the music room.
・走らないで。
（　Don't　）run.

New Words
① 前，正面　（　front　）
② 心配する，悩む　（　worry　）
③ …を楽しむ　（　enjoy　）
④ どうぞ，お願いします（　please　）

1 絵を見て，「…しないでください」という文を作りなさい。

例 Don't play soccer here.

(1)

(2)

(3)

Navi

それぞれ次の意味の文を作る

(1)そのコンピュータを使わないでください。
(2)ここで食べたり飲んだりしないでください。
(3)緊張しないでください。

□(1) ______ ______ the computer.

□(2) ______ eat or ______ here.　※or　…や～

□(3) ______ ______ nervous.

2 日本語に合う英語になるように，______に正しい語を入れなさい。

□(1) あなたの番です，リク。

It's your ______, Riku,

□(2) 楽しんでください。

______ ______.

Point

・「楽しむ」
→enjoy oneself

3 日本語に合う英語になるように，語句を正しく並べかえなさい。なお，文のはじめにくる語も小文字で示してあります。

□ どうぞ教室内では英語を話してください。

English / in / speak / please / the classroom / , / .

____

Point

・命令文の文末にpleaseを置くときは，コンマをつける。

教 科書内容の確認

教科書38 ～ 39ページの本文の内容について，朝美《あさみ》になったつもりで質問に英語で答えなさい。

□(1) Are you nervous? ── ______, I ______.

□(2) How's the weather in Japan? ── ______ ______ today.

解答 p.5

Unit 4 Friends in New Zealand

Part ②

Key Sentence 20　What time ...?の文

「何時ですか」「何時に…しますか」という言い方

What time is it**?** —— It is noon. [It is twelve (o'clock).]
(何時ですか。—— 正午です。[12時です。])

What time do you have lunch**?**
(あなたたちは昼食を何時に食べますか。)

—— At one. [We have lunch at one.]
(—— 1時です。[私たちは1時に昼食を食べます。])

「何時ですか」と時刻をたずねるときは，**What time is it?** という。

What time is it in New Zealand?　(ニュージーランドは何時ですか。)
└ in＋国名[都市名]

「…時です」と時刻を答えるときは，**It is＋時刻を表す数字などの語句.** の文を使う。

It is twelve o'clock.
12(時刻)　└ 省略できる

「何時に…しますか」と時刻をたずねるときは **What time＋疑問文** の形を使う。

「何時に…しますか」　What time do you have lunch?
何時　└ 一般動詞の疑問文

※「～時に(…します)」と答えるときは，前置詞の at を使う。

Check!
何時ですか。—— 1時です。
(What) (time) is it? —— (It) (is) one.

New Words
① 今，現在は (now)　② …の間ずっと，…の間に (during)
③ …のあとに[で] (after)　④ …かまたは～，…や～ (or)

1 絵を見て，質問に答えなさい。数字は使わないこと。

(1)

(2)

Navi
質問の文の意味は次のとおり
(1)何時ですか。
(2)彼女らは何時に朝食を食べますか。

□(1) What time is it?

— ______ ______ p.m.

□(2) What time do they have breakfast?

— ______ seven ______.

2 日本語に合う英語になるように，______に正しい語を入れなさい。

□(1) 今，何時ですか。

______ ______ is it ______?

□(2) ((1)に答えて)11時です。

______ eleven ______.

Point
・「今」→now
・「…時」→o'clock

3 日本語に合う英語になるように，語句を正しく並べかえなさい。なお，文のはじめにくる語も小文字で示してあります。

□ あなたは何時に学校に来ますか。

you / time / school / do / what / come to / ?

____

Point
・「何時に…しますか」
→What time＋疑問文

教科書内容の確認

教科書40～41ページの本文の内容について，デイビッドになったつもりで質問に英語で答えなさい。

□(1) When do you have morning tea?

— ______ ______ period.

□(2) What do you eat for morning tea?

— Some ______ or ______.

解答 p.5

Unit 4 Friends in New Zealand

Part ③

Key Sentence 21　What＋名詞 ...?の文

「何の…をしますか」「どんな…が好きですか」という言い方

What animals can we see in New Zealand**?**
（私たちはニュージーランドでどんな動物を見ることができますか。）

── You can see sheep and kiwis.
（── あなたたちはヒツジとキーウィを見ることができます。）

What sport do you like**?**
（あなたは何のスポーツが好きですか。）

── I like netball.
（── 私はネットボールが好きです。）

「何の…をしますか」などとたずねるときは，**What**＋**名詞 ...?** の形を使う。

「何の…をしますか」　What animals (what＋名詞) can we see in New Zealand? (canを使った疑問文)

「どんな…が好きですか」　What sport (what＋名詞) do you like? (一般動詞の疑問文)

whatのあとに数えられる名詞を置くときは，複数形にすることがあるよ。
また，複数形で聞かれても，答えは１つでもいいんだよ。

Check!

あなたはどんな音楽が好きですか。
(　What　) (　music　) do you like?

New Words

① …を意味する　(　mean　)　② 正しい，正確な　(　right　)
③ …のような[に]　(　like　)　④ 国の，国家の　(　national　)

1 絵を見て，登場人物になったつもりで質問の文を作りなさい。

(1)

(2)

□(1) ＿＿＿＿ ＿＿＿＿ do you want?

— I want an apple.

□(2) ＿＿＿＿ ＿＿＿＿ do you like?

— I like English and P.E.

Navi
答えの文の意味は次のとおり

(1)私はリンゴがほしいです。
(2)私は英語と体育が好きです。

2 日本語に合う英語になるように，＿＿に正しい語を入れなさい。

□(1) その鳥はキウイフルーツのように丸いです。

The birds are round ＿＿＿＿ kiwi fruits.

□(2) 私はネットボールチームの一員です。

＿＿＿＿ ＿＿＿＿ the netball team.

Point

・「…のような[に]」
→like ...
・「…(チーム)の一員で」
→on the ... team

3 日本語に合う英語になるように，語を正しく並べかえなさい。なお，文のはじめにくる語も小文字で示してあります。

□ あなたは何色が好きですか。

like / color / you / what / do / ?

＿＿＿＿＿＿＿＿＿＿＿＿＿＿＿＿

Point

・「何色」
→what color

教 科書内容の確認

教科書42～43ページの本文の内容について，エマになったつもりで質問に英語で答えなさい。

□(1) Are kiwi fruits your national symbol?

— ＿＿＿＿, they ＿＿＿＿.

□(2) Do you play netball?

— ＿＿＿＿, I ＿＿＿＿.

解答 p.6

Unit 4 総合問題

1 語句・表現 ______に入る語を，下の[　　]から選んで書きなさい。

□(1) How's the weather ______ Japan?

□(2) What time do you get up? — ______ six.

□(3) Are you ______ the baseball team?

[on at in to]

2 文法 日本語に合う英語になるように，______に正しい語を入れなさい。

□(1) 緊張しないでください。

______ ______ nervous.

□(2) あなたは何時に寝ますか。

______ ______ do you go to ______?

□(3) あなたは何の食べ物が好きですか。

______ ______ do you like?

3 文法 各文を(　　)内の指示にしたがって書きかえなさい。

□(1) Practice in the music room.（「…をしないでください」という意味の文に）

□(2) It's <u>10 o'clock</u> now.（下線部が答えの中心になる疑問文に）

□(3) Shota can play <u>baseball</u>.（下線部が答えの中心になる疑問文に）

ヒント

1(3)「…（チーム）の一員で」＝on the ... team

2(2)「寝る」＝go to bed　(3)「食べ物」＝food

3(2) 現在の時刻をたずねる文にする。　(3) どんなスポーツができるかをたずねる文にする。

4 文法　日本語に合う英語になるように，語句を正しく並べかえなさい。なお，文のはじめにくる語も小文字で示してあります。

□(1)　休憩《きゅうけい》の間に図書館に来てください。

the library / to / the break / during / come / .

□(2)　東京は何時ですか。

time / it / Tokyo / what / in / is / ?

□(3)　あなたは今日何の科目を勉強しますか。

today / study / subject / you / do / what / ?

5 読解　対話文を読んで，あとの問いに答えなさい。

Kaito：　What animals can we see in New Zealand?
Emma：　You can see sheep, kiwis, ...
Kaito：　Kiwis?　Kiwis are fruit, right?
Emma：　Yes, but kiwis are birds, too.　They're brown and round like kiwi fruits.　They're our national symbol.
Kaito：　I see.

□(1)　下線部の意味を日本語で書きなさい。

(　　　　　　　　　　　　　　　　　　　　)

(2)　本文の内容について，エマになったつもりで質問に英語で答えなさい。

□① What color are kiwis?

□②　What are your national symbol?

ヒント

4(1)　「…の間に」＝during ...　　(2)(3)　場所や時を表す語句はふつう文末に置く。

5(1)　can ...＝「…できる」　(2)　エマの２つめの発言内容に着目。

解答 p.6

Grammar for Communication ③

教科書 44 ▸ 45

疑問詞 —— いろいろなことをたずねよう

ある人やものごとについて，「何[だれ]ですか」や「いつ[どこ]ですか」と，わからないことをたずねるときは疑問詞(what, when, where, who, howなど)を使う。

be動詞を含む文

		主語(S)	動詞(V)	補語(C)
肯定文		That	is	Sally.
ふつうの疑問文		Is that		Sally?
疑問詞を使った疑問文	**Who**	is that?		
	——	That	is	Sally.

「だれ」であるかをたずねるときは疑問詞のwhoを使う

★ふつうの疑問文にはyesまたはnoで答え，
疑問詞を使った疑問文には聞かれたことをくわしく答える。

一般動詞を含む文

		主語(S)	動詞(V)	目的語(O)	修飾《しゅうしょく》語
肯定文		You	play	badminton	in the gym.
ふつうの疑問文		Do you	play	badminton	in the gym?
疑問詞を使った疑問文	**Where**	do you	play	badminton?	
	——	I	play	badminton	in the gym.

「どこ」であるかをたずねるときは疑問詞のwhereを使う

★when is ⇒ when's　who is ⇒ who's　how is ⇒ how's
where is ⇒ where's　what is ⇒ what's

1 (　　)に入る正しい語句を選んで書きなさい。

□(1) (Who, What) is this? —— It's *kotatsu*.

□(2) (When, Where) do you study? —— After dinner.

□(3) (How, What) are you? —— I'm good.

□(4) (What time, What subject) do you like? —— Math.

2 それぞれの疑問文に対して，適切な答えの文を下から選んで記号で答えなさい。

□(1) How do you go to the library? (　　)

□(2) Where is Ms. Hayashi? (　　)

□(3) When is the next practice? (　　)

□(4) How many pens do you have? (　　)

ア	Three.	イ	In the music room
ウ	By bike.	エ	On Friday.

3 日本語に合う英語になるように，＿＿に正しい語を入れなさい。

□(1) あれは何ですか。 ―― 神社です。

＿＿＿＿ that? ―― ＿＿＿＿ a shrine.

□(2) あなたは何時に家に帰ってきますか。 ―― 4時に帰ります。

＿＿＿＿ ＿＿＿＿ do you come home? ―― ＿＿＿＿ four.

□(3) あなたはどこに住んでいますか。 ―― 私は仙台に住んでいます。

＿＿＿＿ do you live? ―― I ＿＿＿＿ ＿＿＿＿ Sendai.

4 日本語に合う英語になるように，語句を正しく並べかえなさい。なお，文のはじめにくる語も小文字で示してあります。

□(1) あなたはそのコンサートで何を演奏しますか。

in / what / the concert / you / do / play / ?

□(2) 福岡の天気はどうですか。

is / Fukuoka / the weather / in / how / ?

□(3) あなたはどんな季節が好きですか。

season / like / what / you / do / ?

解答 p.6

Unit 5 A Japanese Summer Festival

Part ①

Key Sentence 22 前置詞

ものや人の位置を表す言い方

Meg is **by** the bench.
（メグはベンチのそばにいます。）

Look at the bench **under** the tree.
（木の下のベンチを見なさい。）

Look at the people **on** the stage.
（舞台上の人々を見なさい。）

ものや人の位置を言うときは，**前置詞**を使う。

Meg is by the bench.
「…のそばに」という意味の前置詞

Look at the bench under the tree.
「…の下に[で]」という意味の前置詞

Look at the people on the stage.
「…の上に[で]」という意味の前置詞

onはon the wall「かべの」のように，側面との接触も表すよ。

Your books are in the box. （あなたの本はその箱の中にあります。）
「…の中に[で，の]」という意味の前置詞

Check! いすの下のネコを見なさい。
Look at the cat (under) the chair.

New Words

① 髪 (hair) ② 人々 (people)
③ 静かな (quiet) ④ 舞台，ステージ (stage)

1 絵を見て，「…にいます」という文を作りなさい。

例 My bag is near the desk.

(1)

(2)

(3)

Navi
それぞれ次の意味の文を作る
(1)ネコが箱の中にいます。
(2)イヌがテーブルの下にいます。
(3)２匹のネコがベッドのそばにいます。

□(1) The cat is ______ the box.

□(2) The dog ______ ______ the table.

□(3) Two cats ______ ______ the bed.

2 日本語に合う英語になるように，______に正しい語を入れなさい。

□(1) ミサキはあそこにいます。

Misaki is ______ ______.

□(2) その人々を見てください。

______ ______ the people.

□(3) 黒い浴衣を着ている男の子が海《かい》斗《と》です。

The boy ______ the black *yukata* is Kaito.

Point
・「…を着て[身につけて]」→in ...

3 日本語に合う英語になるように，語句を正しく並べかえなさい。

□ 私はイヌと池のまわりをジョギングします。

with / the pond / I / my dog / jog / around / .

______

Point
・「…と」→with ...
・「…のまわりを」→around ...
・場所を表す語句はふつう文末に置く。

教科書内容の確認

次の英文が教科書48～49ページの本文の内容と合うものには○を，合わないものには×をつけなさい。

□(1) Josh, Asami, and Meg are in the park. (　　)

□(2) Kaito is on the stage. (　　)

解答 p.7

Unit 5 A Japanese Summer Festival

Part ②

Key Sentence 23 動名詞

「…することが好き[得意]です」という言い方

I like **dancing**.
（私はおどることが好きです。）

I am good at **dancing**.
（私はおどることが得意です。）

動詞に**…ing**がついた形の語を動名詞と言い，「…すること」という意味を表す。
likeやenjoy，be動詞[am, are, is] good atのあとに**…ingの形の語**を置くと，「…することが好きだ[…を楽しむ，…が得意だ]」という意味になる。

「…することが好きだ」 I like dancing.
…が好きだ（like） └ おどること[おどり]（dancing）

「…することを楽しむ」 I enjoy cooking. （私は料理を楽しみます。）
…を楽しむ（enjoy） └ 料理をすること[料理]（cooking）

「…することが得意だ」 I am good at dancing.
…が得意だ（am good at） └ おどること[おどり]（dancing）

自己紹介するときなどに，これらの文を使おう。

よく使われる…ingの形の語

swimming	水泳
jogging	ジョギング
cooking	料理

Check! 私は水泳が得意です。
I am (good) at (swimming).

New Words

① …を必要とする (need) ② 考え，アイディア (idea)
③ 何か，あるもの (something) ④ 内気な，恥ずかしがりの (shy)

1 絵を見て，「…することが好きです」という文を作りなさい。

例 I like swimming.

(1)

cook

(2)

play

(3)

watch

Navi
それぞれ次の意味の文を作る

(1)私は料理が好きです。
(2)私たちはサッカーをすることが好きです。
(3)私はテレビを見ることが好きです。

□(1) I like ＿＿＿＿＿.

□(2) We ＿＿＿＿＿ ＿＿＿＿＿ soccer.

□(3) I ＿＿＿＿＿ ＿＿＿＿＿ TV.

2 日本語に合う英語になるように，＿＿＿に正しい語を入れなさい。

□(1) さあ，朝美《あさみ》。

＿＿＿＿＿ ＿＿＿＿＿, Asami.

□(2) いっしょにおどろう。

＿＿＿＿＿ ＿＿＿＿＿ together.

Point
・「…しよう」
→let's＋動詞のもとの形

□(3) いいえ，けっこうです。

No, ＿＿＿＿＿ ＿＿＿＿＿.

3 日本語に合う英語になるように，語を正しく並べかえなさい。

□ 私はおどりが得意ではありません。

dancing / I'm / at / good / not / .

＿＿＿＿＿＿＿＿＿＿＿＿＿＿＿＿＿＿＿＿

Point
・「…することは得意ではない」
→be動詞＋not good at ...ing

教科書内容の確認

次の英文が教科書50～51ページの本文の内容と合うものには○を，合わないものには×をつけなさい。

□(1) Josh is not good at dancing. (　　)

□(2) Josh and Asami can have *yakisoba* at the festival. (　　)

解答 p.7

Unit 5 A Japanese Summer Festival

Part ③

Key Sentence 24 過去形

「…しました」「…でした[にいました]という言い方

I **went** to the summer festival yesterday.
(私は昨日夏祭りに行きました。)

思い出や過去にしたことを言うときは，**be動詞や一般動詞の過去形**を使う。

「行った」 I went to the summer festival yesterday.
goの過去形 / 過去のある時点を表す語

「…を楽しんだ」 I enjoyed dancing there. (私はそこでおどって楽しみました。)
enjoyの過去形

「…だった」 It was delicious. (それはおいしかったです。)
isの過去形

※be動詞の過去形 am, is →**was** are→**were**

一般動詞の過去形の作り方	
語尾がedになるもの	play → play**ed** (edをつける)
	like → like**d** (dをつける)
	study → stud**ied** (yをiにかえて edをつける)
形が変わるもの	eat → **ate** see → **saw** have → **had** など

過去の文でよく使われる語句	
yesterday	「昨日」
this morning	「今朝」
this year	「今年」
in＋月名	「…月に」

Check! 私は昨日図書館に行きました。
I (went) to the library (yesterday).

New Words

① 終わり，最後 (end) ② 昨日(は) (yesterday)
③ seeの過去形 (saw) ④ haveの過去形 (had)

1 絵を見て，「私は昨日…しました」という文を作りなさい。

例 I went to the library yesterday.

(1)

see

(2)

eat

(3)

enjoy

Navi

それぞれ次の意味の文を作る

(1)私は昨日，かっこいいイヌを見ました。
(2)私は昨日，梅干しを食べました。
(3)私は昨日，テニスをして楽しみました。

□(1) I ______ a cool dog yesterday.

□(2) I ______ *umeboshi* yesterday.

□(3) I ______ playing tennis yesterday.

2 日本語に合う英語になるように，______に正しい語を入れなさい。

□(1) リンゴあめはおいしかったです。

The candy apple ______ delicious.

□(2) 私たちはたくさんの花火を見ました。

We saw ______ ______ fireworks.

□(3) 私たちはすばらしい時を過ごしました。

We ______ ______ great ______.

Point
・「…な時を過ごす」
→have a ... time

3 日本語に合う英語になるように，語を正しく並べかえなさい。なお，文のはじめにくる語も小文字で示してあります。

□ 私たちはそこでキャンプをして楽しみました。

enjoyed / there / we / camping / .

______

Point
・「…して楽しむ」
→enjoy ...ing

教科書内容の確認

教科書52～53ページの本文の内容について，質問に日本語で答えなさい。

□(1) メグはいつ夏祭りに行きましたか。 (　　　　　　　　　　)

□(2) オーストラリアの夏はいつですか。 (　　　　　　　　　　)

解答 p.7

Unit 5 総合問題

1 語句・表現 日本語に合う英語になるように，＿＿に正しい語を入れなさい。

□(1) 私のかばんはむこうにあります。

My bag is ＿＿ ＿＿.

□(2) 私には多くの友達がいます。

I have ＿＿ ＿＿ friends.

□(3) ありがとう。

＿＿.

2 文法 (　　)内の語を正しい形にしなさい。

□(1) I enjoy (read) books every day.

□(2) The cat (is) in the park yesterday.

□(3) We (go) to the restaurant yesterday.

3 文法 各文を(　　)内の指示にしたがって書きかえなさい。

□(1) You like playing the piano.（疑問文に）

□(2) This park is very crowded today.（下線部をyesterdayに）

□(3) I eat fruit every day.（下線部をyesterdayに）

ヒント

1(3) 「ありがとう。」＝Thank you [Thanks].

2(1) enjoy ...ing＝「…して楽しむ」　(2)(3) 過去の文。

3(1) 一般動詞の疑問文。　(2)(3) 過去の文になるので，be動詞や一般動詞を過去形にする。

4 文法　日本語に合う英語になるように，語句を正しく並べかえなさい。なお，文のはじめにくる語も小文字で示してあります。

□(1)　窓のそばにいる女の人を見てください。

at / by / look / the window / the woman / .

□(2)　その祭りは金曜日から日曜日でした。

was / Friday / to / from / Sunday / the festival / .

□(3)　私たちは公園でよい時を過ごしました。

good / the park / had / in / a / we / time / .

5 読解　対話文を読んで，あとの問いに答えなさい。

Unit 5

Asami：　Josh, you're good at dancing!
Josh：　Thanks. I like dancing. Come on, Asami. Let's dance together.
Asami：　Umm. ①No, thank you. I'm not good at dancing.
Josh：　Don't be shy. You can ②do it!
Asami：　OK.

□(1)　朝美《あさみ》が下線部①のように言ったのはなぜですか。日本語で書きなさい。

(　　　　　　　　　　　　　　　　　　　　　　　　　　　　　　　　　　　　)

□(2)　下線部②はどのようなことを指していますか。日本語で書きなさい。

(　　　　　　　　　　　　　　　　　　　　　　　　　　　　　　　　　　　　)

□(3)　本文の内容について，ジョシュになったつもりで質問に英語で答えなさい。

Can you dance?

ヒント
4(2)「…から～まで」＝from ... to ～　(3)「…な時を過ごす」＝have a ... time
5(1)　直後の1文の内容を参照。　(2)　ジョシュが朝美に何をすすめているのか読み取る。

解答 p.7

“All about Me” Poster

重要文　自己紹介の文

I’m Ito Kota. I like soccer.
I’m on the soccer team. I want to be a starter, so I practice hard.
I’m a big fan of Kubota Satoshi. ….

ぼくは伊藤光《こう》太《た》です。ぼくはサッカーが好きです。ぼくはサッカー部の一員です。ぼくは先発メンバーになりたいので，熱心に練習します。ぼくは久《く》保《ぼ》田《た》聡《さとし》さんの大ファンです。…

自己紹介の文では，「自分の名前や話題」「具体的な情報」「読み手への質問やメッセージ」の順で書く。

最初に，自分の名前を，**I’m ….** や **My name is ….** の文を使って書き，話題として自分の好きなものを，**I like ….** や **I like …ing.** の文で書く。

I’m Ito Kota. **I like** soccer.

次に，自分の好きなものなどについて，具体的な情報を書く。

I’m on the soccer **team**.
I’m in the art **club**.　（私は美術部の一員です。）
└ clubのときはinを使う

最後に **Who’s your favorite …?** のように，読み手への質問やメッセージを書く。

I’m a big fan of Kubota Satoshi.
Who’s your favorite player?（あなたの好きな選手はだれですか。）
What’s your favorite sport?　（あなたの好きなスポーツは何ですか。）

Check!
ぼくは野球部の一員です。
(　I’m　)(　on　) the baseball team.

New Words
① 年齢　(　age　)　② ほかの人[もの]　(　other　)

1 次の文は，竹田《たけだ》リカさんの自己紹介です。これにならって，下の文の____に自分のことについて入れ，自己紹介の文を作りなさい。

> I'm Takeda Rika.
> My favorite food is ramen.
> I like *udon*, too.

□(1) I'm ____ ____ .

□(2) My favorite food is ____ .

□(3) I like ____ , too.

Point

よく使われる表現を覚える

(1)「私は…です。」
→I'm ....
(2)「私の好きな食べ物は…です。」
→My favorite food is ....
(3)「私は…も好きです。」
→I like ..., too.

2 次のことをメモしておき，下で自己紹介の文を作りなさい。

☆ 自分の好きなこと ____

☆ 入っているクラブやチーム，または，よくしていること ____

□(1) 私は…のファンです。 ／ 私は…することが得意です。

____

□(2) 私は…することが好きです。

____

□(3) 私は…部に入っています。 ／ 私はよく…します。

____

□(4) あなたの好きな…は何[だれ]ですか。

____

Point

・「私は…のファンです。」
→I'm a fan of ....
・「私は…することが得意です。」
→I'm good at ...ing.
・「私は…することが好きです。」
→I like ...ing.
・「私は…部に入っています。」
→I'm on ... team.
I'm in ... club.
・「私はよく…します。」
→I often ....

解答 p.8

Small Talk! ①

教科書 56

重要表現

英語での会話を続けられるようにする。

A: Do you like sports?
B: Yes, I do. I like baseball.
A: Me, too. What's your favorite team?
B: It's the Tigers. My favorite player is ....

A: スポーツは好き？
B: うん。野球が好きなんだ。
A: ぼくも。いちばん好きなチームは何？
B: タイガースだよ。いちばん好きな選手は…。

会話を続けるためには，たずねる側が「話題を選ぶ」「あいづちを打つ」「よりくわしくたずねる」ことが大切になる。

得意なことや日常生活などについてたずねる。

「…は好きですか」　Do you like sports?
└ 最初はYes, Noで答えられる質問をする

「いちばん好きな…は何ですか」　What's your favorite team?
└ 疑問詞を使った質問をすると，相手もいろいろ答えやすい

あいづちを打つことは，相手の話を理解しているというサインになり，相手の話をもっと引き出すことにつながる。

I like baseball. という発言に対するあいづちとして考えられるもの。

I see.（なるほど。）/ OK.（わかりました。）…「理解」
Really?（本当ですか。） / Wow!（わあ！）…「驚《おどろ》き」
Me, too.（私も。）/ I think so, too.（私もそう思います。）…「同意」
Good!（いいね！）/ That's nice!（いいね！）…「感想」

たずねたり，質問に答えたりするときに，考える時間が必要なときは，Well,（ええと，）やLet me see.（ええと。）のようなつなぎ言葉を使ってもよい。

また，相手の言ったことがよくわからなかったときに，Pardon?（もう一度言ってくれますか。）やSorry?（何ですって。）と聞き直して，もう一度言ってもらうことは失礼ではない。

1 次のジョンとサキの対話が成り立つように，あてはまる英文を選びなさい。

□(1)

ア　Sounds great.

イ　Yes, I often make a cake.

ウ　That's too bad.

(　　　)

□(2)

ア　Pardon?

イ　Really?

ウ　OK.

(　　　)

□(3)

ア　I make it with my mother.

イ　I'm good at cooking.

ウ　I make it on Sunday.

(　　　)

Navi

それぞれ次の意味の会話になる

A＝ジョン
B＝サキ
(1)*A*：料理は好きですか。
B：はい，よくケーキを作ります。
(2)*A*：なるほど。いつ作るのですか。
B：もう一度言ってくれますか。
(3)*A*：いつ作るのですか。
B：私は日曜日に作ります。

2 次の対話文が成り立つように，(　　)に入る正しい文を下から選び，記号で答えなさい。同じものは２度使えません。

□(1) *A*: Who is your hero?
B: I like Ohtani Shohei very much.
A: (　　　　　) He is a great player, right?

□(2) *A*: When is your birthday?
B: Pardon?
A: (　　　　　)

□(3) *A*: How many books do you have?
B: (　　　　　) I have about fifty.
A: Wow! (　　　　　)
B: It's about animals in Australia.

ア　Let me see.	イ　What is your favorite book?
ウ　Me, too.	エ　When is your birthday?

Navi

それぞれ次の意味の会話になる

(1)*A*：あなたのヒーローはだれですか。
B：大谷翔平さんがとても好きです。
A：私も。彼はすばらしい選手ですね。
(2)*A*：あなたの誕生日はいつですか。
B：もう一度言ってくれますか。
A：あなたの誕生日はいつですか。
(3)*A*：あなたは本を何冊持っていますか。
B：ええと。およそ50冊持っています。
A：わあ！いちばん好きな本は何ですか。
B：オーストラリアの動物についての本です。

解答 p.8

Unit 6 A Speech about My Brother

Story ①

Key Sentence 25　三人称単数現在形

主語がI，you以外で単数のときの一般動詞の肯定文

Takuya live**s** in Cebu.
(卓也《たくや》はセブに住んでいます。)

自分(I)と相手(you)以外の１人または１つを話題にして，「…に住んでいます」や「…します」などと言うときは，**一般動詞をsで終わる形**にする。

「私は…に住んでいる」　I live in Cebu.

「卓也は…に住んでいる」　Takuya lives in Cebu.
I，you以外の第三者で１人　└ 動詞にsがつく

※自分と相手以外の１人または１つのことを**三人称単数**と言う。
一般動詞をsで終わる形(三人称単数形)にするとき，語尾にsをつけるかesをつけるかは動詞によって異なる。

三人称単数形の作り方	
sをつける	play→play**s** [z]　like→like**s** [s]　want→want**s** [ts]　use→use**s** [iz]
esをつける	go→go**es** [z]　watch→watch**es** [iz]
yをiにかえてesをつける	study→stud**ies** [iz]
形がかわる	have→**has** [z]

[z]「ズ」，[s]「ス」，[ts]「ツ」，[iz]「ィズ」と発音が異なるので気をつけよう。

Check! デイビッドはニュージーランドに住んでいます。
David (lives) in New Zealand.

New Words

① 学生，生徒　(student)　② 週末　(weekend)
③ 言語，言葉　(language)　④ 彼の　(his)

1 絵を見て,「〜は…します」という文を作りなさい。

例 Eri plays tennis.

(1)

John / like

(2)

my mother / go

(3)

he / study

Navi
それぞれ次の意味の文を作る

(1)ジョンはネコが好きです。
(2)私のお母さんはよく公園に行きます。
(3)彼は熱心に数学を勉強します。

□(1) ＿＿＿＿ ＿＿＿＿ cats.
□(2) ＿＿＿＿ ＿＿＿＿ often ＿＿＿＿ to the park.
□(3) ＿＿＿＿ ＿＿＿＿ math hard.

2 日本語に合う英語になるように,＿＿＿に語を入れなさい。

□(1) 彼は20歳です。
He's twenty ＿＿＿＿ ＿＿＿＿.
□(2) セブには多くの美しい海辺があります。
Cebu ＿＿＿＿ many beautiful beaches.
□(3) 彼らはいっしょにダイビングをしに行きます。
They ＿＿＿＿ ＿＿＿＿ together.

Point
・「…歳」
→... years old
・「…がある」
→have
・「…しに行く」
→go ...ing

3 日本語に合う英語になるように,語句を正しく並べかえなさい。なお,文のはじめにくる語も小文字で示してあります。

□(1) 彼女は語学学校で英語を勉強しています。
studies / a language school / at / she / English / .

＿＿＿＿＿＿＿＿＿＿＿＿＿＿＿＿

□(2) メグはそこで多くの生徒に会います。
many / there / Meg / students / meets / .

＿＿＿＿＿＿＿＿＿＿＿＿＿＿＿＿

Point
・場所を表す語句はふつう文末に置く。

教科書内容の確認

次の英文が教科書59ページの本文の内容と合うものには○を,合わないものには×をつけなさい。
□(1) The language school has lots of Asian students. (　　)
□(2) Takuya often enjoys diving on weekdays. (　　)

解答 p.8

Unit 6 A Speech about My Brother

Story ②

Key Sentence 26 三人称単数現在形の否定文

主語がI，you以外で単数のときの一般動詞の否定文

Takuya **does not** write a blog.
(卓也《たくや》はブログを書きません。)

自分と相手以外の１人または１つ(三人称単数)を話題にして，「…しません」と言うときは，一般動詞の前に**does not**を置く。このとき，動詞にｓやesはつけない。

「…を書く」　Takuya (三人称単数) writes (動詞にｓがつく) a blog.

「…を書かない」　Takuya does not write (動詞はもとの形) a blog.

※does not = doesn't

三人称単数とは，he「彼は」，she「彼女は」，it「それは」を表す言葉。
または，「人名」や「もの」など，これらの３つに言いかえられるものを指す。

Takuya writes a blog.（卓也はブログを書きます。）
⇒He

My sister has a computer.（私の姉はコンピュータを持っています。）
⇒She

The dog likes my friends.（そのイヌは私の友達を好きです。）
⇒It

Check!

彼女はコンピュータを持っていません。
She (does) (not) (have) a computer.

New Words

① カメラ (camera)
② (ある)地方の，地元の (local)
③ 地点，場所 (spot)
④ 防水の (waterproof)

1 絵を見て，「～は…しません」という文を作りなさい。

例 Yuka does not use this computer.

(1)

Saki / like

(2)

She / play

(3)

Riku / study

Navi

それぞれ次の意味の文を作る

(1)サキは納豆が好きではありません。
(2)彼女はピアノをひきません。
(3)リクは熱心に勉強しません。

□(1) Saki ______ ______ ______ *natto*.
□(2) She ______ ______ the piano.
□(3) Riku ______ ______ hard.

2 日本語に合う英語になるように，______に正しい語を入れなさい。

□(1) 彼はたくさんのコメントを受け取ります。
He gets ______ ______ ______ comments.
□(2) 私は彼のブログをとても楽しみます。
I enjoy his blog ______ ______.
□(3) 私たちはここで写真を撮ることはできません。
We can't ______ ______ here.

Point

・「たくさんの…」
→a lot of ...
[lots of, many]
・「写真」
→picture(s)

3 日本語に合う英語になるように，語句を正しく並べかえなさい。なお，文のはじめにくる語も小文字で示してあります。

□(1) 彼はあまりブログを書きません。
write / very / he / often / a blog / doesn't / .

____

□(2) 彼女はその本について知りません。
the book / about / doesn't / know / she / .

____

Point

・「あまり…しない」
→not ... very often
・「…について」
→about ...

教科書内容の確認

次の英文が教科書60ページの本文の内容と合うものには○を，合わないものには×をつけなさい。

□(1) Takuya doesn't write about his school on his blog. (　　)
□(2) Takuya wants a waterproof camera. (　　)

解答 p.8

Unit 6 A Speech about My Brother

Story ③

Key Sentence 27　三人称単数現在形の疑問文

主語がI，you以外で単数のときの一般動詞の疑問文

Does Takuya like Filipino food**?**
（卓《たく》也《や》はフィリピン料理が好きですか。）

― Yes, he **does**. [No, he **does not**.]
（― はい，好きです。［いいえ，好きではありません。］）

自分と相手以外の１人または１つ(三人称単数)を話題にして，「…しますか」とたずねるときは，主語の前に**does**を置く。このとき，動詞にsやesはつけない。

「…が好きだ」　Takuya likes Filipino food.
（Takuya：三人称単数）

「…が好きですか」　Does Takuya like Filipino food?
（Does：主語の前に置く　like：動詞はもとの形）

Does ...?の文には，doesを使って答える。

「はい，好きです」　Yes, he does.
（he：男性について答えるときはhe　does：doesを使う）

「いいえ，好きではありません」　No, he does not.
（does not：= doesn't）

Check!

あなたのお母さんは果物が好きですか。
（　Does　）your mother（　like　）fruit?
― はい，好きです。／いいえ，好きではありません。
― Yes, she（　does　）.／No, she（　does　）（　not　）.

New Words

① 質問　（ question ）
② ［疑問文などで］いくらかの，何らかの　（ any ）
③ ［疑問文・否定文で］だれか，だれも(…ない)　（ anyone ）

1 絵を見て，質問に答えなさい。

(1)

(2)

Navi
質問の文の意味は次のとおり
(1)リクはイヌを飼っていますか。
(2)テイラー先生はマンガ本を読みますか。

□(1) Does Riku have a dog?
— ＿＿＿＿, he ＿＿＿＿.

□(2) Does Ms. Taylor read comic books?
— ＿＿＿＿, she ＿＿＿＿.

2 日本語に合う英語になるように，＿＿＿に正しい語を入れなさい。

□(1) 彼はフィリピン料理が好きですか。
＿＿＿＿ ＿＿＿＿ ＿＿＿＿ Filipino food?

□(2) ハロハロはフィリピン語で「パフェ」という意味ですか。
Does *halo-halo* mean “parfait” ＿＿＿＿ Filipino?

Point
・「…語で」
→in …（言語）

3 日本語に合う英語になるように，語を正しく並べかえなさい。なお，文のはじめにくる語も小文字で示してあります。

□(1) だれか質問のある人はいますか。
anyone / any / have / questions / does / ?

＿＿＿＿＿＿＿＿＿＿＿＿＿＿＿＿

□(2) 彼はデザートには何が好きですか。
does / dessert / he / for / what / like / ?

＿＿＿＿＿＿＿＿＿＿＿＿＿＿＿＿

教 科書内容の確認

教科書62ページの本文の内容について，質問に英語で答えなさい。

□(1) Does Asami know about Takuya's favorite food?
— ＿＿＿＿, she ＿＿＿＿.

□(2) What does *halo-halo* mean?
— It ＿＿＿＿ ＿＿＿＿.

解答 p.9

Unit 6 総合問題

教科書 59 ▸ 62

1 語句・表現　日本語に合う英語になるように，＿＿＿に正しい語を入れなさい。

□(1) 彼女は15歳です。
She's fifteen ______ ______.

□(2) 私たちはよくいっしょに泳ぎに行きます。
We often ______ ______ together.

□(3) あなたは何らかの質問がありますか。
Do you have ______ ______?

□(4) 私はうどんやお好み焼きなどが好きです。
I like *udon*, *okonomiyaki*, ______ ______ ______.

2 文法　(　　)に入る正しい語を選んで書きなさい。

□(1) Saki (eat, eats) rice every day. ______

□(2) Ken and Riku (walk, walks) to school together. ______

□(3) My mother (don't, doesn't) write a blog. ______

□(4) (Do, Does) he speak Japanese? ______

3 文法　各文を(　　)内の指示にしたがって書きかえなさい。

□(1) We have lots of books.（下線部をMs. Satoに）
____

□(2) Eri studies English with her sister.（否定文に）
____

□(3) He practices tennis after school.（下線部が答えの中心となる疑問文に）
____

ヒント

1(3) 疑問文で使う「何らかの」はany。
2(2) 主語は「ケンとリク」の複数であることに着目。
3(1) haveの三人称単数形は形が変わる。　(3)「いつ」なのかをたずねる文にする。

4 文法　日本語に合う英語になるように，語句を正しく並べかえなさい。なお，文のはじめにくる語も小文字で示してあります。

□(1)　ケンはときどき図書館で彼の友達に会います。
his / meets / the library / Ken / at / friends / sometimes / .

□(2)　彼女はあまりその映画が好きではありません。
doesn't / the movie / much / like / very / she / .

□(3)　ユカは何語を話しますか。
does / Yuka / what / speak / languages / ?

5 読解　文章を読んで，あとの問いに答えなさい。

朝美《あさみ》は兄の卓也《たくや》についてスピーチします。

Takuya writes a blog about school life, local food, nature, and nice spots for diving in Cebu. He doesn't write very often, but he gets a lot of nice comments. I enjoy his blog very much.

Takuya usually posts pictures on his blog, but he can't take pictures in the sea. He doesn't have a waterproof camera. So he wants one. He really loves the beautiful sea life. Thank you.

Unit 6

□(1)　下線のoneは何を指していますか。本文中から３語の英語を抜きだして答えなさい。

(2)　本文の内容について，質問に英語で答えなさい。

□①　Does Takuya write his blog every day?

□②　What does Takuya get for his blog?

□③　What does Takuya usually post on his blog?

ヒント

4(2)　「…をあまり好きではない」＝do[does] not like ... very much

(3)　What＋名詞で文を始める。

5(1)　oneはすでに話題にのぼったものを指す。　(2)①　本文２行め参照。

解答 p.9

Let's Talk ①

教科書 64

お願い —許可を求める・依頼する—

Today's Point 許可を求める文・依頼する文

Can I turn on the fan**?** —— Sure.
(扇風《せんぷう》機《き》をつけてもよいですか。 —— もちろん。)

Can you help me**?** —— All right.
(手伝ってくれますか。 —— わかった。)

「…してもよいですか」と許可を求めるときは，**Can I ... ?**と言う。
「…してくれますか」と依頼するときは，**Can you ... ?**と言う。

「…してもよいですか」　Can I turn on the fan**?**
└「…してもよいですか」

「…してくれますか」　Can you help me**?**
└「…してくれますか」

許可する，頼みを引き受けるときは，**Sure.**や**All right.**，または，
No problem.(いいですよ。)などで答える。

許可しない，断るときは，**Sorry, but ....**(すみませんが，…。)と言って，
理由をつけ加える。

「すみませんが，…」　**Sorry, but** I'm busy now.（すみませんが，今忙《いそが》しいのです。）
（I'm busy now.＝理由）

Check!

その本を読んでもよいですか。 —— もちろん。
(　Can　)(　I　) read the book? ——(　Sure　).
窓を開けてくれますか。 —— わかった。
(　Can　)(　you　) open the window? ——(　All　)(　right　).

New Words

①	ドア，戸	(door)	②	問題	(problem)
③	(…を)開く[あける]	(open)	④	…を借りる	(borrow)
⑤	お父さん	(dad)	⑥	お母さん	(mom)

1 絵の人物になったつもりで，文を作りなさい。

(1)

(2)

(3)

□(1) ______________ have this cake?

□(2) ______________ watch this movie?

□(3) ______________ take my picture?

Navi
それぞれ次の意味の文を作る

(1)このケーキを食べてもよいですか。
(2)この映画を見てもよいですか。
(3)私の写真を撮ってくれますか。

2 次の対話文が成り立つように，______に正しい語を入れなさい。

□(1) *A*: Can I have lunch now?
B: ________. It's noon.

□(2) *A*: Can I use your dictionary?
B: ________, ________ I'm using it.

□(3) *A*: Can you read this kanji?
B: All ________. It's "tsubasa."

□(4) *A*: Can you come to my room?
B: ________ a ________. I'm busy now.

Navi
それぞれ次の意味の会話になる

(1)*A*：今，昼食を食べてもよいですか。
B：もちろん。正午ですよ。
(2)*A*：あなたの辞書を使ってもよいですか。
B：すみませんが，使っています。
(3)*A*：この漢字を読んでくれますか。
B：わかった。それは「つばさ」です。
(4)*A*：私の部屋に来てくれますか。
B：ちょっと待って。今忙しいのです。

3 日本語に合う英語になるように，語句を正しく並べかえなさい。なお，文のはじめにくる語も小文字で示してあります。

□(1) テレビをつけてもよいですか。
I / on / can / the TV / turn / ?

____

□(2) 料理を手伝ってくれますか。
you / me / cooking / help / with / can / ?

____

Point
・「(スイッチ)を入れる，つける」
→turn on ...
・「…を～の面で手伝う」
→help ... with ～

解答 p.9

Grammar for Communication ④

教科書 66

三人称単数現在形 ―― 友達のことを伝えよう

主語が三人称単数で，現在形の場合には，一般動詞をsで終わる形にする。否定文や疑問文ではdoesを使い，一般動詞にsはつけない。

三人称単数現在形の文		主語(S)	動詞(V)	目的語(O)
肯定文	主語がIやyouのとき	I	like	tennis.
	主語が複数のとき	Taku and Rika	like	tennis.
	主語が三人称単数のとき	Natsumi	likes（sで終わる形）	tennis.

★三人称単数はhe, she, it, 名前など。

否定文		Natsumi	**does not** like（sのつかない形）	tennis.

★主語が三人称単数のときはdoes notを使う。

疑問文		Natsumi	likes	tennis.
	Does	Natsumi	like（sのつかない形）	tennis?

―― Yes, she **does**. / No, she **does not**.（doesn't）

★Does ...?の文にはdoesを使って答える。

★sで終わる形の作り方★

sをつける	meet→meet**s** make→make**s**	yをiにかえてesをつける	study→stud**ies**
esをつける	watch→watch**es** wash→wash**es**	形がかわる	have→ha**s**

1 (　　)内の語を正しい形にかえなさい。かえる必要がなければそのまま書きなさい。

□(1) Mr. Nakajima sometimes (go) to Tokyo. ＿＿＿＿＿＿

□(2) Saki and I (practice) tennis after school. ＿＿＿＿＿＿

□(3) She (want) to buy a new bag. ＿＿＿＿＿＿

□(4) Does your sister (like) cooking? ＿＿＿＿＿＿

2 日本語に合う英語になるように，______に正しい語を入れなさい。

□(1) 私のネコは毛が長いです。

My cat __________ long hair.

□(2) エリはあまりこのペンを使いません。

Eri __________ __________ this pen very often.

□(3) あなたのお姉さんは歩いて学校に行きますか。

__________ your sister __________ to school?

□(4) ((3)の質問に答えて) いいえ，歩いて行きません。

No, __________ __________ .

3 各文を(　　)内の指示にしたがって書きかえなさい。

□(1) We sometimes watch a soccer game. (下線部をKenに)

____

□(2) Daiki eats toast for breakfast. (否定文に)

____

□(3) Sally studies Japanese very hard. (疑問文に)

____

4 日本語に合う英語になるように，語を正しく並べかえなさい。なお，文のはじめにくる語も小文字で示してあります。

□(1) メグは歌舞伎についてよく知っています。

about / Meg / well / *kabuki* / knows / .

____

□(2) トムは何になりたいのですか。

to / Tom / what / want / be / does / ?

____

□(3) 彼は多くのコメントを受け取りません。

comments / does / many / not / he / get / .

____

解答 p.10

Unit 7 Foreign Artists in Japan

Story ①

Key Sentence 28　代名詞(目的格)

人やものについて動詞のあとに「…を[に]」という言い方

That is Kaito. Do you know **him**?
(あちらは海《かい》斗《と》です。あなたは彼を知っていますか。)

That is Meg. Do you know **her**?
(あちらはメグです。あなたは彼女を知っていますか。)

前に話題になった人やものについて，「彼を」や「彼女を」，「それを」と言うときは，**him**や**her**，**it**を使う。

「彼を」　That is Kaito. Do you know him ?（Kaito → him「彼を」）

「彼女を」　That is Meg. Do you know her ?（Meg → her「彼女を」）

「それを」　I like tennis. I practice it on Sundays.（tennis → it「それを」）

(私はテニスが好きです。私は**それを**毎日曜日に練習します。)

「…を[に]」を表す形は，次のとおり。

me(私を)　**you**(あなた(たち)を)　**him**(彼を)　**her**(彼女を)
it(それを)　**us**(私たちを)　**them**(彼ら[彼女ら，それら]を)

※前置詞のabout(…について)やwith(…と)のあとにも，この形を使う。

I go to school with them.（私は彼らと学校に行きます。）
（with：前置詞　them：「彼らを」　彼らと：訳し方に注意）

Check!

あなたは彼を好きですか。
Do you like (him)?

あなたはそれをほしいですか。
Do you want (it)?

New Words

① 役に立つ，有用な (useful)　② ショー (show)
③ 彼を[に] (him)　④ 彼女を[に]，彼女の (her)

1 絵を見て，会話の＿＿＿に正しい形の語を入れなさい。

例 *A*：That is Kenji. Do you know him?
B：Yes. He is a good baseball player.

(1)

(2)

□(1) *A*：This is Yuka. Do you know ＿＿＿＿＿ ?
B：Yes. ＿＿＿＿＿ brother is my classmate.

□(2) *A*：Who are they?
B：Mr. Smith and Ms. Taylor. ＿＿＿＿＿ are our English teachers. We like ＿＿＿＿＿ very much.

Navi
次の意味の会話になる

(1)
A：こちらはユカです。あなたは彼女を知っていますか。
B：はい。彼女の兄が私の同級生です。
(2)
A：彼らはだれですか。
B：スミス先生とテイラー先生です。彼らは私たちの英語の先生です。私たちは彼らがとても好きです。

2 (　　)内から正しい語を選んで，＿＿＿に書きなさい。

□(1) Sally calls ＿＿＿＿＿ Meg. (my, me)
□(2) That's Riku. I know ＿＿＿＿＿ . (his, him)
□(3) I have two cats. I like ＿＿＿＿＿ . (they, them)
□(4) Mike knows about ＿＿＿＿＿ . (you, your)

Point
動詞や前置詞のあとには「…を[に]」の形を置く

・aboutは前置詞。

3 日本語に合う英語になるように，語句を正しく並べかえなさい。なお，文のはじめにくる語も小文字で示してあります。

□ 私たちはそれらを祭りで買うことができます。
the festival / them / we / at / can / buy / .

＿＿＿＿＿＿＿＿＿＿＿＿＿＿＿＿＿＿＿＿＿＿＿＿＿＿＿＿＿＿

Point
・「買う」
→buy
・「それらを」
→them

Unit 7

教 科書内容の確認

次の英文が教科書69ページの本文の内容と合うものには○を，合わないものには×をつけなさい。

□(1) At Mashiko Pottery Festival, people can buy the pieces of Euan Craig from Australia. (　　)
□(2) Kaito went to the shows of *rakugo* performer from the U.K. (　　)

解答 p.10

Unit 7 Foreign Artists in Japan

Story ②

Key Sentence 29　疑問詞(Which ... A or B?)

「AとBのどちらを…しますか」という言い方

Which does she speak, English **or** Japanese**?**
（彼女は英語と日本語のどちらを話しますか。）

— She speaks English.
（— 彼女は英語を話します。）

限られたものの中から，「どれ」や「どちら」とたずねるときは，**which** を使う。
具体的に２つのものをあげて選んでもらうときは，**A or B** で表す。

「どちらを話しますか」　Which does she speak, English or Japanese?
Which：どちら
コンマ
English or Japanese：「英語ですか，それとも日本語ですか」

答えるときは，限られたものの中のどれか，またはAかBのどちらかを答える。

Which does she speak, English or Japanese?

— She speaks English.
英語か日本語のどちらかを答える

「どちらの～を…しますか」と，具体的に２つのものをあげずにたずねるときは，
Which＋名詞で文をはじめる。

Which book does she like?　（彼女は**どちらの**本が好きですか。）
Which book：名詞

Check!
彼はペンとえんぴつのどちらが必要ですか。
(　Which　) does he need, pens (　or　) pencils?

New Words

① 小道具　(　prop　)　② 役，役割　(　role　)
③ ただ…だけ　(　only　)　④ どちら，どれ　(　which　)

1 絵を見て，会話の_____に正しい形の語を入れなさい。

例 *A*：Which does Rika like, coffee or green tea?
B：She likes coffee.

(1)

(2)

Navi
次の意味の会話になる

(1)
A：リクは毎日どちらを勉強しますか，英語ですか，それとも数学ですか。
B：彼は数学を勉強します。
(2)
A：サキはどちらがほしいですか，バッグですか，それとも帽子ですか。
B：彼女はバッグがほしいです。

□(1) *A*：_____ does Riku study every day,
English _____ math?
B：He _____ _____.

□(2) *A*：_____ does Saki want,
a bag _____ a cap?
B：She _____ a _____.

2 日本語に合う英語になるように，_____に正しい語を入れなさい。

□(1) あなたはサッカーと野球のどちらをしますか。
_____ _____ you play, soccer _____ baseball?

□(2) いっしょに泳ぎに行きませんか。
_____ _____ _____ go swimming?

Point
・「(いっしょに)…しませんか。」
→Why don't we …?

3 日本語に合う英語になるように，語を正しく並べかえなさい。なお，文のはじめにくる語も小文字で示してあります。

□ あなたはご飯とトーストのどちらを食べますか。
have / toast / do / or / you / rice / which / , / ?

____

Point
・「あなたはどちらを食べますか」のあとにコンマを置いて，「…か～か」を表す部分を続ける。

教 科書内容の確認

教科書70ページの本文の内容について，質問に英語で答えなさい。

□(1) What props do *rakugo* performers use for the show?
They use _____ _____ and _____ _____ _____.

□(2) When can Meg see the show of Diane Kichijitsu with Kaito?
_____ _____.

解答 p.10

Unit 7 Foreign Artists in Japan

Story ③

Key Sentence 30　疑問詞(Whose ...?)／代名詞(…のもの)

「だれの…ですか」という言い方と「…のもの」という答え方

Whose ticket is this**?**
（これはだれのチケットですか。）

—— It is **mine**.
（—— それは私のものです。）

「だれの…ですか」と持ち主をたずねるときは，**whose**を使い，**Whose**＋**名詞**で文をはじめる。

「あなたの…ですか」　Is this your ticket?
持ち主をたずねる

「だれの…ですか」　Whose ticket is this?
だれの　名詞

Whose ...?の文には，「…のもの」を表す形を使って持ち主を答える。

It is mine.
私のもの⇒私のチケット(my ticket)

mineは〈my＋名詞〉に書きかえることができるよ。

「…のもの」を表す形は，次のとおり。

mine(私のもの)　**yours**(あなた(たち)のもの)　**his**(彼のもの)
hers(彼女のもの)　**ours**(私たちのもの)　**theirs**(彼ら[彼女ら]のもの)

人名などの名詞に**'s**をつけると，「…の」または「…のもの」という意味になる。

Meg'**s**(メグの，メグのもの)　my father'**s**(父の，父のもの)

Check!　これはだれのラケットですか。—— それはメグのものです。
(Whose) (racket) is this? —— It is (Meg's).

New Words
① だれの (whose)　② 待つ (wait)
③ 私のもの (mine)　④ あなた(たち)のもの (yours)

1 絵を見て，サキになったつもりで，質問に答えなさい。

(1)

(2)

Navi
質問の文の意味は次のとおり

(1)これはだれのバッグですか。
(2)これはだれの辞書ですか。

□(1) Whose bag is this?
—— It is ______ .

□(2) Whose dictionary is this?
—— It is ______ .

2 日本語に合う英語になるように，______に正しい語を入れなさい。

□(1) はい，どうぞ。
______ ______ ______ .

□(2) ドアは５分後に開きます。
The doors open ______ five minutes.

□(3) あなたのチケットの扱いに気をつけてください。
______ ______ ______ your ticket.

Point
・「(時間の長さを表す語句)…後に」
→in ...
・「…の扱いに気をつける」
→be careful with ...

3 日本語に合う英語になるように，語句を正しく並べかえなさい。なお，文のはじめにくる語も小文字で示してあります。

□(1) このチケットはあなたのものです。
is / this / yours / ticket / .

______

□(2) 落語は400年以上の歴史があります。
has / 400 years / a history / over / *rakugo* / of / .

______

Point
・「…のもの」の形の語のあとには名詞は置かない。
・「…より多く」
→over ...

教科書内容の確認

次の英文が教科書72ページの本文の内容と合うものには○を，合わないものには×をつけなさい。

□(1) Meg saw a lot of people at the show of rakugo. (　　)

□(2) Many people still enjoy rakugo shows in Japan now. (　　)

解答 p.11

Unit 7 総合問題

教科書 69 ▸ 72

1 語句・表現　日本語に合う英語になるように，______に正しい語を入れなさい。

□(1) メグは10分後にここに来ます。

Meg comes here ______ 10 ______.

□(2) 私は待てません！

I ______ ______!

□(3) たぶん彼女は看護師です。

______ she is a nurse.

□(4) そのカメラの扱いに気をつけてください。

______ ______ ______ the camera.

2 文法　(　　)に入る語を正しい形に直して書きなさい。

□(1) Meg and Ken are my friends. I really like (they).　______

□(2) That is Rika. I go to school with (she).　______

□(3) Is this pen (you)? —— Yes, it's (I).　______ / ______

□(4) This is (Saki) book. That's (she), too.　______ / ______

3 文法　会話文が成り立つように，______に正しい語を入れなさい。

□(1) A : Mr. Sato is over there. Do you know ______?
B : Yes. He is a good tennis player.

□(2) A : ______ do you like, green ______ orange?
B : I like green.

□(3) A : ______ computer is this?
B : It's my father's.

ヒント

1 (1) 「分」＝minute　(2) 「待つ」＝wait

2 (1)(2) 動詞や前置詞のあとは「…を[に]」の形。

3 (1) 動詞knowのあとは「…を[に]」の形。　(2) どちらかをたずねる文。　(3) 持ち主をたずねる文。

4 文法 日本語に合う英語になるように，語句を正しく並べかえなさい。なお，文のはじめにくる語も小文字で示してあります。

□(1) あなたはそれらを買いたいですか。

you / to / them / want / buy / do / ?

□(2) あなたは緑茶とコーヒーのどちらを飲みますか。

do / which / coffee / drink / or / you / green tea / , / ?

□(3) それはだれの傘《かさ》ですか。

umbrella / that / whose / is / ?

5 読解 会話文を読んで，あとの問いに答えなさい。

Meg： What is *rakugo*?
Kaito： It's Japanese comic storytelling. A performer on a cushion plays different roles. The performer uses only two props, a fan and a hand towel.
Meg： Sounds interesting.
Kaito： Diane Kichijitsu has a show in Midori Hall next Sunday. ①Why don't we go together?
Meg： Sure! ②Which does she speak in her show, English or Japanese?
Kaito： She usually speaks English, but she sometimes speaks Japanese.
Meg： Great.

(1) 下線部①，②を日本語にしなさい。

□① (　　　　　　)

□② (　　　　　　)

□(2) 本文の内容と合っているものを1つ選び，記号で答えなさい。

ア A performer plays only one role at the show.
イ A performer cannot use props.
ウ Meg wants to go to the show of Diane Kichijitsu.
エ Diane Kichijitsu speaks only English. (　　)

Unit 7

ヒント
4(2) A or Bの前にコンマを置く。　(3) 「だれの…」はwhose＋名詞で表す。
5(1) ①相手をさそう表現。 ②どちらかをたずねる文。　(2) メグの３つめの発言に着目する。

解答 p.11

Let's Talk ②

教科書 74

体調 ―説明する・指示する―

Today s Point 相手の体調をたずねたり，自分の体調を説明したりする

What's wrong? ―― **I have** a headache.
（どうしましたか。 ―― 頭痛がします。）

体調の悪そうな人に「どうしたのですか」とたずねるときは，**What's wrong?**と言う。

これに対して，自分の症状《しょうじょう》を答えるときは，**I have ....**の文を使って，痛いところや熱があることなどを伝える。

「どうしましたか」 **What's wrong?**

「…がする［ある］」 **I have** a headache.

症状名の前にaをつける　頭痛　症状を表す語句

I have a stomachache [toothache].（おなか［歯］が痛いです）
腹痛　歯痛

I have a fever.（熱があります）
熱

症状を訴えられたら，次のような指示をする場合がある。

Go to the doctor [dentist].（医者［歯科医］へ行きなさい）

Take a rest.（ひと休みしなさい）

Take this medicine.（この薬を飲みなさい）

「薬を飲む」はtakeを使うよ。

Check! どうしましたか。 ―― おなかが痛いです。
（ What's ）（ wrong ）?
――（ I ）（ have ）a stomachache.

New Words

① 熱	（ fever ）	② 頭痛	（headache）
③ ぐあいが悪い	（ wrong ）	④ 悪い，よくない，ひどい	（ bad ）
⑤ 1時間	（ hour ）	⑥ 休み，休息	（ rest ）

1 絵の人物になったつもりで，適切な文を下のア～ウから選びなさい。

(1)

(2)

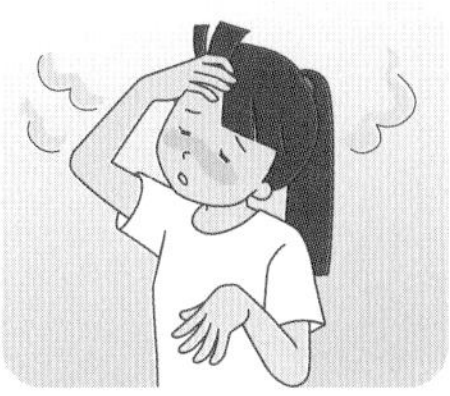

(3)

□(1) (　　　)　　□(2) (　　　)　　□(3) (　　　)

ア　I have a fever.

イ　I have a toothache.

ウ　I have a stomachache.

Navi

絵の人物は，次の症状がある

(1) 腹痛
(2) 熱
(3) 歯痛

2 ユイと母親の会話が成り立つように，＿＿＿に入る正しい語を下から選んで書きなさい。

Mom: Yui, how □① ＿＿＿＿＿ you today?
Yui: Not very □② ＿＿＿＿＿ .
Mom: What's □③ ＿＿＿＿＿ ?
Yui: I □④ ＿＿＿＿＿ a fever.
Mom: That's too □⑤ ＿＿＿＿＿ . Take this medicine and take a □⑥ ＿＿＿＿＿ .
Yui: Thank you, mom.

wrong	rest	are
have	good	bad

Navi

次の意味の会話になる

M：ユイ，今日はぐあいはどう？
Y：あまりよくないよ。
M：どうしたの。
Y：熱があるの。
M：それはいけないわね。この薬を飲んで，ひと休みしなさい。
Y：ありがとう，お母さん。

3 日本語を英語にしなさい。

□(1)　どうかしたのですか。

＿＿＿＿＿＿＿＿＿＿＿＿＿＿＿＿＿＿＿＿

□(2)　((1)に答えて)頭痛がします。

＿＿＿＿＿＿＿＿＿＿＿＿＿＿＿＿＿＿＿＿

Point

・「どうかしたのですか」は，「何かぐあいが悪いのですか」という表し方をする。
・症状名の前に *a* をつける。

解答 p.11

Let's Listen ①

教科書 75

留学生のプロフィール

表現のまとめ

人に関する紹介を聞き取って理解する

His [Her] name is John [Emily].	(彼[彼女]の名前はジョン[エミリー]です。)
He [She] is from Australia.	(彼[彼女]はオーストラリア出身です。)
He [She] is fifteen **years old**.	(彼[彼女]は15歳です。)
He [She] likes sports.	(彼[彼女]はスポーツが好きです。)
He [She] is good at playing soccer.	(彼[彼女]はサッカーが得意です。)
He [She] can play the piano.	(彼[彼女]はピアノをひけます。)

人に関する紹介を聞くときは，基本の情報である，「名前」，「出身地」，「年齢」，「好きなもの」，「できること」などを注意して聞き取り，どのような人なのか理解する。

練習1 (1)～(3)の英文を聞き，その内容に合うように，(　　)に適する日本語を書きなさい。

□(1)　新入生のジョンに，来週の(　　　　　　　　)に会うことができる。
ジョンはオーストラリアの(　　　　　　　　)に住んでいる。
年齢は(　　　　　　　　)歳だ。

□(2)　ジョンは(　　　　　　　　)が好きで，(　　　　　　　　)部に入りたいと思っている。

□(3)　ジョンの(　　　　　　　　)は日本人なので，彼は英語と日本語を(　　　　　　　　)。

練習2 英文を聞いて，______に適切な語を書きなさい。

□　Good morning, everyone. I want to talk about a new student. Next ______, we can meet a boy from Australia. His name is John. He lives in ______. He's ______ years old. John likes ______ and he is good at playing soccer. And he wants to join our ______ team. John's ______ is Japanese, so he can ______ English and Japanese. Let's enjoy talking with him!

1 テイラー先生が留学生のエミリーの紹介をします。それを聞いて，下の質問に対する答えとして適切なものを，それぞれア，イ，ウの中から選んで，記号で答えなさい。

□(1) エミリーの出身地はどこですか。

ア オーストラリア　　イ アメリカ　　ウ カナダ　　(　　)

□(2) エミリーはどんなスポーツをしますか。

ア

イ

ウ

(　　)

□(3) What does she want to do in Japan?

ア She wants to enjoy sports.

イ She wants to cook Japanese food.

ウ She wants to help Japanese students.　　(　　)

2 スミス先生が留学生のザックからのメールを読みます。その英文を聞いて，下の質問に対する答えとして適切なものを，それぞれア，イ，ウの中から選んで，記号で答えなさい。

□(1) How old is Zac?

ア He is thirteen years old.

イ He is fourteen years old.

ウ He is fifteen years old.　　(　　)

□(2) Where does Zac want to visit?

ア

イ

ウ

(　　)

□(3) What Japanese food does Zac like?

ア He likes *natto* and *umeboshi*.

イ He likes *natto*.

ウ He likes *umeboshi*.　　(　　)

解答 p.12

代名詞 ―― くり返しを避《さ》けよう

		単数				複数			
		…が，…は，（主語）	…の	…を，…に，（目的語）	…のもの	…が，…は，（主語）	…の	…を，…に，（目的語）	…のもの
自分（一人称）		I	my	me	mine	we	our	us	ours
相手（二人称）		you	your	you	yours	you	your	you	yours
自分と相手以外（三人称）	男性	he	his	him	his	they	their	them	theirs
	女性	she	her	her	hers				
	もの	it	its	it	-				
代名詞以外の言い方の例		Ken	Ken’s	Ken	Ken’s	boys	boys’	boys	boys’

★文の主語には「…が[は]」の形を使う。

★「…の」の形のあとには名詞がくることが多い。〈「…の」の形＋名詞〉の前にa [an]，theは置かない。

★動詞やwithやaboutのような前置詞のあとには「…を[に]」の形を使う。

★「…のもの」の形のあとには名詞を置かない。

★人名に’sがつくと，「…の」または「…のもの」の形になるが，文の内容からどちらかを判断する。

★代名詞itとoneはどちらも前に出てきたものを指す代名詞だが，ちがいがある。

・itは前に出てきた名詞と同じものを指す。

I like this pen. I use it every day.（同じペン）

・oneは前に出てきたものと同じ種類のものを指す。

I like this pen. I want to buy one.（このペンと同じ種類のペン）

1 下線部の語句を代名詞にかえなさい。

□(1) Sally is my friend. Sally is from Australia.　＿＿＿＿＿

□(2) Ken is on the tennis team. We like Ken.　＿＿＿＿＿

□(3) I have a computer. I use the computer every day.　＿＿＿＿＿

□(4) This is my book. That is my book, too.　＿＿＿＿＿

2 (　　)内の語を正しい形にかえなさい。かえる必要がなければそのまま書きなさい。

□(1) We have a lot of books in (we) library. ______________

□(2) Those rackets are (you). ______________

□(3) Meg has a piano and a guitar. She can play (they). ______________

□(4) (Satoru) brother is a teacher. ______________

3 日本語に合う英語になるように，______に正しい語を入れなさい。

□(1) 私はこの男の人が好きです。彼は私のヒーローです。
I like this man. ______ is my hero.

□(2) ユキとミキは背が高いですが，彼女らのお母さんはそうではありません。
Yuki and Miki are tall, but ______ mother is not.

□(3) あなたは私といっしょに行きたいですか。
Do you want to come with ______ ?

□(4) これは何ですか。　―― エリのバッグです。
What's this? ―― ______ is ______ bag.

4 日本語に合う英語になるように，語を正しく並べかえなさい。なお，文のはじめにくる語も小文字で示してあります。

□(1) 私たちはお父さんが大好きです。
love / we / father / our / .

____

□(2) これはあなたの本ですか，それともあなたのお兄さんのものですか。
book / this / is / or / brother's / your / your / ?

____

□(3) 彼女について教えてくれますか。
you / her / me / can / about / tell / ?

____

解答 p.12

Unit 8 A Surprise Party

Story ①

Key Sentence 31　現在進行形の肯定文

「…しています」という言い方

I **am** watch**ing** TV now.
（私は今テレビを見ています。）

「…しています」と今している動作を言うときは，動詞に-ingをつけ，**am [are, is] + ...ing**の形を使う。

「毎日…する」　I　watch　TV every day.（毎日）

「今…している」　I　am watching　TV now.（今）
（be動詞＋...ing）

主語によって，am, are, isを使い分けるよ。

...ingの作り方	
そのまま-ingをつける	play→playing　talk→talking
-eで終わる語はeを取って-ingをつける	come→coming　use→using　make→making
最後の1字をくり返して-ingをつける	get→getting　swim→swimming　run→running
haveにはいろいろな意味があるが，「…を持っている」「…がある[いる]」「(病気)にかかっている」の意味のときは...ingにしない。「…を食べる[飲む]」「…を開く[開催する]」「(ある時)を過ごす」の意味のときは...ingで表すことができる。	

Check!　私は今コンピュータを使っています。
I (　am　) (　using　) a computer.

New Words

① ひまな　(　free　)
② さよなら，バイバイ (　bye　)
③ 明日(は)　(tomorrow)
④ そのとき(に)　(　then　)
⑤ テレビゲーム　(　video game　)

1 絵を見て，「(今)…しています」という文を作りなさい。

例 Yui is studying English now.

(1)

(2)

(3)

□(1) Saki ______ ______ now.

□(2) Riku ______ ______ now.

□(3) Emily and John ______ ______ tennis now.

Navi

現在進行形の文

「…しています」の文は〈be動詞＋…ing〉の形で表す。主語が三人称単数のときはbe動詞はis，複数のときはareを使う。

2 日本語に合う英語になるように，______に正しい語を入れなさい。

□(1) どうしたのですか。

______ ______?

□(2) 楽しそうに聞こえます。

______ ______ fun.

□(3) そのときに，またね。

______ ______ then.

Point

・Sounds like ….は主語のthatが省略されている文なので，動詞に-sがつくことに気をつける。

3 日本語に合う英語になるように，語句を正しく並べかえなさい。なお，文のはじめにくる語も小文字で示してあります。

□(1) 私たちは明日について考えています。

are / about / thinking / tomorrow / we / .

____

□(2) 私はその祭りを楽しみにしています。

looking / the festival / to / I'm / forward / .

____

Point

・look forward to …のあとには名詞または代名詞を置く。

Unit 8

教科書内容の確認

次の英文が教科書79ページの本文の内容と合うものには○を，合わないものには×をつけなさい。

□(1) Kaito and Meg are talking about tomorrow. (　　)

□(2) Meg doesn't have time tomorrow. (　　)

解答 p.13

Unit 8 A Surprise Party
Story ②

Key Sentence 32　現在進行形の疑問文

「…しているのですか」「何をしているのですか」という言い方と答え方

Are you taking a picture? —— Yes, I **am**. [No, I **am not**.]
(あなたは写真を撮っているのですか。—— はい，そうです。[いいえ，ちがいます。])

What are you doing**?** —— I am writing a birthday card.
(あなたは何をしているのですか。—— 私は誕生日カードを書いています。)

「…しているのですか」とたずねるときは，am，are，is を主語の前に置く。

「…しているのですか」 Are you taking a picture?
are を主語の前に置く　主語

Are you ...? の文には，**Yes, I am.** や **No, I am not.** で答え，
Is＋主語 ...? の文には，is を使って答える。

「何を」と，相手がしている動作や動作の対象をたずねるときは，**What** で文をはじめる。

「何をしているのですか」 What are you doing?
何を　疑問文の語順

—— I am having lunch.　(昼食を食べています。)
└ している動作を答える

「何を…しているのですか」 What are you eating?　(何を食べているのですか。)

—— I am eating *udon*.　(うどんを食べています。)
└ 動作の対象を答える

Check!
あなたは本を読んでいるのですか。—— はい，そうです。
(Are) you (reading) a book? —— Yes, I (am).

New Words
① …を飾る (decorate)　② (…を)言う，…だと言う (say)
③ (…の)準備をする (prepare)　④ 永久に，永遠に (forever)

1 絵を見て，質問に答えなさい。

(1)

(2)

(3)

Navi
現在進行形の文のbe動詞

「…しています」の文は，be動詞＋...ingの形で表す。主語が三人称単数のときはbe動詞はis，複数のときはareを使う。

□(1) Is Riku studying?
── ＿＿＿＿, he ＿＿＿＿.

□(2) Is Saki having lunch?
── ＿＿＿＿, she ＿＿＿＿.

□(3) What is Emily doing?
── ＿＿＿＿ ＿＿＿＿ ＿＿＿＿ the piano.

2 日本語に合う英語になるように，＿＿＿に正しい語を入れなさい。

□(1) メグに何か言ってください。
＿＿＿＿ ＿＿＿＿ to Meg.

□(2) 誕生日おめでとう，メグ。
＿＿＿＿ ＿＿＿＿, Meg.

□(3) ずっと親友でいようね。
＿＿＿＿ ＿＿＿＿ best friends forever.

Point
・「何か」
→something
・let'sのあとは動詞のもとの形(原形)を置く。

3 日本語に合う英語になるように，語句を正しく並べかえなさい。なお，文のはじめにくる語も小文字で示してあります。

□ あなたは写真を撮っているのですか。
taking / are / a picture / you / .

＿＿＿＿＿＿＿＿＿＿＿＿＿＿＿＿

Point
・「写真を撮る」
→take a picture

教科書内容の確認

教科書80ページの本文の内容について，質問に英語で答えなさい。

□(1) What is Kaito doing?
── He ＿＿＿＿ ＿＿＿＿ the room for a surprise party.

□(2) Who is writing a birthday card?
── ＿＿＿＿ ＿＿＿＿.

解答 p.13

Unit 8 A Surprise Party

Story ③

Key Sentence 33 感嘆文

「なんて…だろう！」という言い方

How nice! （なんてすてきなのでしょう！）
What a cute bag! （なんてかわいいバッグでしょう！）

「なんて…だろう！」と驚きや喜び，悲しみなどの強い感情を表すときは，
How＋形容詞[副詞]＋!，または**What＋名詞を含む語句＋!**の形を使う。

How nice !
形容詞　└文末は必ずエクスクラメーションマーク(！)をつける

How fast ! （なんて速いんでしょう！）
副詞

What a cute bag !
└文末は必ずエクスクラメーションマーク(！)をつける
あとにくる名詞が単数のときはa[an]を置く

What beautiful pictures ! （なんて美しい写真でしょう！）
形容詞＋名詞

「なんて～な…だろう！」と言うときは
What a[an]＋形容詞＋名詞＋!の形を使うよ。

Check!

なんてわくわくするのでしょう！
（ How ）exciting!

なんて大きな家でしょう！
（ What ）（ a ）big house!

New Words

① 起こる，生じる （ happen ）
② （…を）忘れる （ forget ）
③ 速く，すぐに，急いで（ quickly ）
④ プレゼント （ present ）

1 絵を見て，「なんて…だろう！」という文を作りなさい。

例 How delicious! / What a delicious cake!

(1)

fast

(2)

big

(3)

kind

□(1) ______ fast!

□(2) ______ ______!

□(3) ______ ______ ______ student!

Navi
感嘆文の作り方

感嘆文は，〈How＋形容詞[副詞]＋!〉または〈What＋名詞を含む語句＋!〉で表す。
(1)fastは副詞。
(2)あとに続く名詞がないことに注目。
(3)名詞studentは単数。

2 日本語に合う英語になるように，______に正しい語を入れなさい。

□(1) えっ！
Oh, ______ ______!

□(2) もちろん。
______ ______.

□(3) どういたしまして。
______ ______.

Point
どれも日常会話でよく使われる表現なので，そのまま覚える。

3 日本語に合う英語になるように，語を正しく並べかえなさい。なお，文のはじめにくる語も小文字で示してあります。

□(1) なんておもしろい本だろう！
an / book / what / interesting / !

______

□(2) なんてすばらしい選手だろう！
a / player / great / what / !

______

Point
・「なんて～な…だろう！」はWhat a[an]＋形容詞＋名詞＋!の形を使う。

Unit 8

教科書内容の確認

教科書82ページの本文の内容について，質問に英語で答えなさい。

□(1) What is the birthday present for Meg?
— It's ______ ______.

□(2) Does Meg like the present?
— ______, she ______.

解答 p.13

Unit 8 総合問題

教科書 79 ▸ 82

1 語句・表現　日本語に合う英語になるように，______に正しい語を入れなさい。

□(1) どうしたのですか。

______ ______?

□(2) 楽しそうに思えます。

______ ______ fun.

□(3) 彼は試合を楽しみにしていますか。

Is he ______ ______ ______ the game?

□(4) どういたしまして。

______ ______.

2 文法　(　　)に入る正しい語を選んで書きなさい。

□(1) Sally and I (am, are) playing tennis now. ______

□(2) My father is (reads, reading) a book in his room. ______

□(3) (Is, Are) Rika helping Ms. Takeda? ______

□(4) (How, What) cool boys! ______

3 文法　各文を(　　)内の指示にしたがって書きかえなさい。

□(1) Yuka uses this computer.　(文末にnowをつけて)

Yuka ______ ______ this computer now.

□(2) They are <u>watching a movie</u> now.　(下線部が答えの中心となる疑問文に)

______ ______ they ______ now?

□(3) It's a very old tree.　(感嘆文に)

______ ______ ______ tree!

ヒント

1(3) 現在進行形の文。

2(2) 直前にisがあることに着目。　(4) あとに名詞があることに着目。

3(1) 現在進行形の文にする。　(2) 「何を」とたずねる文にする。　(3) 名詞treeがあることに着目。

4 文法　日本語に合う英語になるように，語句を正しく並べかえなさい。なお，文のはじめにくる語も小文字で示してあります。

□(1)　私はケンの宿題を手伝っているところです。

Ken / helping / his homework / with / I'm / .

□(2)　リサは今，ギターの練習をしているのですか。

Lisa / now / is / the guitar / practicing / ?

□(3)　なんと勇かんな男の人だろう！

man / a / brave / what / !

5 読解　会話文を読んで，あとの問いに答えなさい。

Josh：　We're at Kaito's house.　Kaito is decorating the room.　Today is Meg's birthday.　We're preparing a surprise party.

Asami：　Oh, Josh.　Are you taking a picture?

Josh：　No, I'm not.　I'm taking a video for Meg.　What are you doing?

Asami：　I'm writing a birthday card.

Josh：　Great.　Say something to Meg.

Asami：　Happy Birthday, Meg!　Let's be best friends forever!

□(1)　下線部を日本語にしなさい。

(　　　　　　　　　　　　　　　　　　　　　　　　　　　　　　　)

□(2)　次の英文が本文の内容と合うものには○を，合わないものには×をつけなさい。

ア　Kaito and Asami are decorating the room.　(　　　)

イ　Josh is taking some pictures before the party.　(　　　)

ウ　Meg can get a birthday card from her friend.　(　　　)

エ　Asami wants to be best friends with Meg forever.　(　　　)

ヒント

4(1)　「…を～の面で手伝う」＝help ... with ～

　(2)　現在進行形の疑問文はbe動詞を主語の前に置く。

5(1)　do＝「(…を)する[行う]」　(2)ウ　朝美《あさみ》の２つめの発言を参照。

解答 p.13

Let's Write ①

教科書 84

お祝い —グリーティングカード—

目的に合わせたカードを書く

Dear Meg, Happy Birthday! Best wishes for your 13th birthday. Your friend, Asami	メグへ， お誕生日おめでとう！ あなたの13歳の誕生日の幸せを祈ります。 あなたの友達， 朝美《あさみ》

カードには，まずあいさつとして，相手の名前をDear ...,の形で書く。

Dear Meg,

└コンマを置く

次に，目的に合わせてメッセージを書く。

「誕生日のお祝い」	Happy Birthday!	
「年賀状」	Happy New Year!	（新年おめでとう！）
「お見《み》舞《ま》い」	Get well soon!	（早く元気になってね！）

そして，下のような添《そ》える言葉を書く。

Best wishes for your 13th birthday.

└「…番目の」という意味を表す語を使う

Best wishes for the new year.　（よいお年を。）

I hope you feel better soon.　（早くよくなるといいですね。）

最後に，Your friend,やLove,のような結びの言葉を書いてから，自分の名前を書く。

カードをもらったら，礼状を出す。Thank you.というメッセージに一言添える。

Thank you. I really like it.（ありがとう。とても気に入っています。）

Check!

よいお年を。

（　Best　）（　wishes　）（　for　）the new year.

New Words

① 親愛なる…（様）　（　dear　）　② 祝福の言葉，祈り　（ wish(es) ）

③ すぐに，まもなく　（　soon　）

1 リサがケンタにあてたバースデーカードです。______に入る語を書きなさい。

□① __________ Kenta,

□② __________ Birthday!

Best wishes for your 13th birthday.

Your □③ __________ ,

Lisa

Point

①「親愛なる」にあたる語を入れる。
②「お誕生日おめでとう」という意味のメッセージになるようにする。
③「あなたの友達，」という意味の結びの言葉になるようにする。

2 リサからのバースデーカードに，ケンタは礼状を出します。______に入る語を書きなさい。

□① __________ Lisa,

Thank you!

I really □② __________ it.

Love,

Kenta

Point

①「親愛なる」にあたる語を入れる。
②「とても気に入っています。」という意味の言葉になるようにする。

3 日本語に合う英語になるように，______に正しい語を入れなさい。

□(1) あなたの13歳の誕生日の幸せを祈ります。

__________ __________ __________ your 13th birthday.

□(2) 新年おめでとう！

__________ __________ Year!

□(3) 早く元気になってね！

__________ well __________ !

Point

(2) 単なる「新しい年」ではなく，「正月」という意味で「新年」と表すときは，それぞれの単語を大文字ではじめる。
(3)「(ある状態)になる」→get

解答 p.14

現在進行形 —— 今していることを伝えよう

「今している動作」を表す文を現在進行形といい，am [are, is] + ...ingの形で表す。

現在進行形の文		主語(S)		動詞(V)	目的語(O)	修飾語
肯定文		Meg		plays	tennis	every day.
		Meg	**is**	play**ing**	tennis	now.

★be動詞は主語に合わせる。

否定文	Meg	**is not** play**ing**	tennis	now.

		Meg	**is**	play**ing**	tennis	now.
疑問文	**Is**	Meg		play**ing**	tennis	now?

（be動詞を主語の前に出す）

—— Yes, she **is**. / No, she **is not**.

★be動詞の疑問文にはbe動詞を使って答える。

What **is**（疑問詞）	Meg		do**ing**		now?
——	She	**is**	play**ing**	tennis	now.

★疑問詞のあとは疑問文の語順になる。

★...ingの作り方★

-ingをつける	study → study**ing**	watch → watch**ing**	think → think**ing**
eを取って -ingをつける	have → hav**ing** take → tak**ing**	語尾を重ねて -ingをつける	jog → jog**ging** get → get**ting**

1 (　　)内の語を正しい形にかえなさい。

□(1) I'm (study) English now. ＿＿＿＿＿＿

□(2) She is not (take) a video. ＿＿＿＿＿＿

□(3) Some students are (jog). ＿＿＿＿＿＿

□(4) What are you (read)? ＿＿＿＿＿＿

2 日本語に合う英語になるように，＿＿＿に正しい語を入れなさい。

□(1) 私は次の週末について考えているところです。

I ＿＿＿＿ ＿＿＿＿ about next weekend.

□(2) リカは今，自分のブログを書いていません。

Rika ＿＿＿＿ ＿＿＿＿ her blog now.

□(3) あなたたちはよい時を過ごしていますか。

＿＿＿＿ you ＿＿＿＿ a good time?

□(4) ((3)の質問に答えて)はい，過ごしています。

Yes, we ＿＿＿＿ .

3 各文を(　　)内の指示に従って書きかえなさい。

□(1) Tim practices soccer on Saturdays. (下線部をnowに)

□(2) We are cooking dinner. (否定文に)

□(3) Mr. Hayashi is teaching math. (下線部が答えの中心になる疑問文に)

4 日本語に合う英語になるように，語句を正しく並べかえなさい。なお，文のはじめにくる語も小文字で示してあります。

□(1) 私はそのコンピュータを使っていません。

am / using / the computer / not / I / .

□(2) あなたは今，パーティーを楽しんでいますか。

you / enjoying / now / the party / are / ?

□(3) あなたは何を見ているのですか。

are / you / at / what / looking / ?

解答 p.14

Unit 9 Think Globally, Act Locally

Story ①

Key Sentence 34　不定詞（名詞的用法）

「…すること」，「…であること」という言い方

She wants **to help** people in need.
（彼女は困っている人々を助けたいと思っています。）

She tries **to do** her best.
（彼女は最善《さいぜん》を尽《つ》くそうと努力しています。）

want や try，need などの動詞のあとに，**to＋動詞の原形**がくると，
to＋動詞の原形の部分は**「…すること」**という意味になる。

「…すること」　I like to play tennis.　（私はテニスをすることが好きです。）
└to＋動詞の原形　＝「するの」

「…すること」という意味の〈to＋動詞の原形〉は，
文の主語になることもあるよ。

動詞によっては，「…すること」と訳さずに日本語らしい表現にする。

「…したい」　She wants to help people in need.
want to＋動詞の原形＝「…したい」

「…しようと努力する」　She tries to do her best.
try to＋動詞の原形＝「…しようと努力する［試みる］」

Check!
ケンは自分の友達を助けようとしています。
Ken (tries) (to) (help) his friends.

New Words

① …として　(as)　② 働く，作業をする　(work)
③ いとこ　(cousin)　④ 病気の　(sick)

1 絵を見て，「…したいです」または，「…しようと努力しています」という文を作りなさい。

例 I want to watch the baseball game.

(1)

want / have

(2)

want / dance

(3)

try / read

Navi
それぞれ次の意味の文を作る

(1)リクはすしを食べたいです。
(2)サキはおどりたいです。
(3)ジョンは漢字を読もうと努力しています。

□(1) Riku wants _____ _____ sushi.
□(2) Saki _____ _____ dance.
□(3) John _____ _____ _____ kanji.

2 英語の意味を日本語で書きなさい。

□(1) Saki likes to study at the library.
(　　　　　　　　　　)
□(2) The students try to speak English.
(　　　　　　　　　　)
□(3) I want to be like Lily.
(　　　　　　　　　　)

Point
・like to＋動詞の原形
→「…するのが好きだ」
・want to be ...
→「…になりたい」

3 日本語に合う英語になるように，語句を正しく並べかえなさい。なお，文のはじめにくる語も小文字で示してあります。

□(1) 彼女は医師として働きたいです。
a doctor / wants / as / work / she / to / .

____

□(2) 私はいつも最善を尽くそうと努力しています。
best / try / my / I / do / to / always / .

____

Point
・「…として」
→as ...
・alwaysのようなひん度を表す語は一般動詞の前に置く。
・「最善を尽くす」
→do my best

教科書内容の確認

次の英文が教科書89ページの本文の内容と合うものには○を，合わないものには×をつけなさい。
□(1) Lily tries to help people in need in Japan. (　　)
□(2) To help others is Meg's future dream. (　　)

解答 p.15

Unit 9 Think Globally, Act Locally

Story ②

Key Sentence 35　不定詞(名詞的用法)の疑問文・否定文

「…したいですか」という言い方

What do you want to do?
(あなたは何をしたいですか。)

— I want to try some ethnic food.
(— 私はエスニック料理を食べてみたいです。)

〈want to＋動詞の原形〉や，〈try to＋動詞の原形〉の形を使った疑問文や否定文の作り方は一般動詞と同じ。

疑問文は，主語の前に**do**または**does**を置く。

「…したい」　They want to play tennis.　(彼らはテニスをしたいです。)
└〈want to＋動詞の原形〉を１つの動詞として考える
↓
「…したいですか」　Do they want to play tennis?　(彼らはテニスをしたいですか。)
└ 主語の前にdoまたはdoesを置く

「何を…したいですか」　What do you want to do?
疑問詞＋一般動詞の疑問文

否定文は一般動詞のwantやtryの前にdon'tまたはdoesn'tを入れる。

「…したくない」　They don't want to play tennis.　(彼らはテニスをしたくないです。)
└ 一般動詞wantの前にdon'tまたはdoesn'tを入れる

Check!
あなたは何を買いたいですか。
(What)(do)(you)(want)(to) buy?

New Words
① おくれた，遅刻した (late)　② もっと遅く，あとで (later)
③ 主な，主要な (main)　④ (…を)理解する (understand)

1 絵を見て，「あなたは何を[いつ，どちらを]…したいですか」という文を作りなさい。

例 What do you want to have?

(1)

what / study

(2)

when / go shopping

(3)

which / use

Navi
それぞれ次の意味の文を作る
(1)あなたは今日，何を勉強したいですか。
(2)あなたはいつ買い物に行きたいですか。
(3)あなたはどちらを使いたいですか。

□(1) ________ do you want to ________ today?

□(2) ________ do you want ________ ________ shopping?

□(3) ________ do you ________ to ________?

2 日本語に合う英語になるように，____に正しい語を入れなさい。

□(1) 私は発表を聞きたいです。
I want to ________ ________ the presentation.

□(2) 多くの人々が1列に並んで待っています。
Many people are waiting ________ ________.

□(3) 私たちはステージに着く必要があります。
We need to ________ ________ the stage.

Point
・「聞く[耳を傾ける]」→listen
・「列」→line
・「…する必要がある」→need to＋動詞の原形

3 日本語に合う英語になるように，語を正しく並べかえなさい。なお，文のはじめにくる語も小文字で示してあります。

□ あなたは今，何をしたいですか。
do / do / to / now / what / want / you / ?

____

Point
doには疑問文を作る助動詞と，「(…を)する」という意味の動詞の2つがある。

Unit 9

教科書内容の確認

教科書90ページの本文の内容について，質問に英語で答えなさい。

□(1) What does Kaito want to try?
— He ________ to try ________ ________ ________.

□(2) What does Meg want to do first?
— She ________ to ________ ________ the presentation.

解答 p.15

Unit 9 Think Globally, Act Locally

Story ③

Key Sentence 36 SVC(look＋形容詞)の文

「…に見える」という言い方

The children **look** happy

(子供たちは幸せそうに見えます。)

人やものについて，「…に見える」と見た目の様子を言うときは，**look＋形容詞**を使う。

「…だ」 The children are happy. (子供たちは幸せです。)

↓

「…に見える」 The children look happy.

look＋形容詞

getも，「…になる」の意味のときは**get＋形容詞**の形で使う。

Get well soon. (早く元気になってね。)

get＋形容詞

人やものごとについて，「…のように聞こえる」と人などから聞いて感想を言うときは，**sound ＋形容詞**を使うように区別する。

「…のように聞こえる」 Those books sound interesting.

sound＋形容詞

(それらの本はおもしろそうです。)

Check!

生徒たちはのどがかわいているように見えます。

The students (look) thirsty.

New Words

① …を建てる (build) ② …を集める (collect)

③ 金，通貨 (money) ④ 子供 (child)

1 絵を見て，「その～は…に見えます。」という文を作りなさい。

例 The bag looks good.

(1)

(2)

(3)

□(1) The car ______ ______.

□(2) The dog ______ ______.

□(3) The players ______ ______.

Navi

それぞれ次の意味の文を作る

(1)その車は新しく見えます。
(2)その犬は空腹に見えます。
(3)その選手たちはうれしそうに見えます。

2 日本語に合う英語になるように，______に正しい語を入れなさい。

□(1) これに反して，その子供たちは川へ行きます。

______ ______ ______ ______, the children go to the river.

□(2) その子供たちは長い間歩きます。

The children walk ______ ______ ______ ______.

□(3) 私たちはこのような場所が必要です。

We need some places ______ ______.

Point

・「(２つの中で)もう１つ[一方]の」→other
・「…の間」→for ...
・「…のような」→like ...

3 日本語に合う英語になるように，語句を正しく並べかえなさい。なお，文のはじめにくる語も小文字で示してあります。

□(1) 彼らは井戸から水を得ているところです。

getting / from / water / a well / they're / .

______

□(2) 私たちはあなたたちの援助を必要としています。

need / help / your / we / .

______

Point

・「(場所)…から」→from ...
・「援助[助け]」→help

教科書内容の確認

次の英文が教科書92ページの本文の内容と合うものには○を，合わないものには×をつけなさい。

□(1) Some children need to collect water every day. (　　)

□(2) The volunteer group needs some money. (　　)

解答 p.15

Unit 9 総合問題

教科書 89 ▶ 92

1 語句・表現　日本語に合う英語になるように，______に正しい語を入れなさい。

□(1) 私たちは困っている人々を助ける必要がありました。
We needed to help people ______ ______.

□(2) いっしょに最善を尽くしましょう。
Let's ______ ______ ______ together.

□(3) 他方では，何人かの人々は食べ物がありません。
______ ______ ______ ______, some people don't have food.

□(4) 私は長い間そこにいました。
I was there ______ ______ ______ ______.

2 文法　(　　)に入る正しい語を選んで書きなさい。

□(1) I want (enjoying, to enjoy) the festival with you. ______

□(2) (Do, are) you need to see Mr. Kawashima? ______

□(3) What (do, does) Miho like to have for lunch? ______

□(4) This cake (sounds, looks) delicious. Can I have it? ______

3 文法　各文を(　　)内の指示にしたがって書きかえるとき，______に正しい語を入れなさい。

□(1) Sally speaks Japanese. (「…しようと努力している」という意味の文に)
Sally ______ ______ ______ Japanese.

□(2) Ken needs to <u>do his homework</u> now. (下線部をたずねる文に)
______ ______ Ken need to ______ now?

□(3) It is cold today. (「…に見える」という意味の文に)
It ______ cold today.

ヒント

1(2) 誘っているので，do one's bestのone'sにはourを使う。

2(1) wantのあとに動詞がくるときは〈to＋動詞の原形〉の形を使う。

3(1)「…しようと努力する」＝try to ...

4 **文法**　日本語に合う英語になるように，語句を正しく並べかえなさい。なお，文のはじめにくる語も小文字で示してあります。

□(1)　私たちはそのとき，その部屋を使いたいと思いました。
wanted / use / then / the room / we / to / .

____

□(2)　リカはキャンプに行くことが好きではありません。
doesn't / Rika / go camping / to / like / .

____

□(3)　その生徒たちは楽しそうに見えますか。
look / the students / happy / do / ?

____

5 **読解**　会話文を読んで，あとの問いに答えなさい。

Meg：　I want to listen to the presentation on the main stage.
Kaito：　Me, too, but ①can we go there later?
Meg：　Why? ②What do you want to do now?
Kaito：　I want to try some ethnic food over there.
Meg：　Oh, but many people are waiting in line. We need to get to the stage. I don't want to be late for the presentation.
Kaito：　③I understand. Let's go to the stage first.

□(1)　海斗《かいと》が下線部①のように頼んだのはなぜですか。日本語で書きなさい。
(　　　　　　　　　　　　　　　　　　　　　　　　　　　　　　　　　　　　　)

□(2)　下線部②を日本語にしなさい。
(　　　　　　　　　　　　　　　　　　　　　　　　　　　　　　　　　　　　　)

□(3)　海斗はどのようなことに対して下線部③のように言っていますか。それを説明した次の文を完成しなさい。
店には(　　　　　　　　　　　　　　　　　　　　)ので，メグは先に店に寄って(　　　　　　　　　　　　　　　　)のをいやがっていること。

Unit 9

ヒント
4(2)「…するのが好きだ」は〈like to＋動詞の原形〉で表す。　(3)　一般動詞の疑問文にする。
5(1)　海斗の２つめの発言に着目する。　(3)　直前のメグの発言内容に着目する。

解答 p.15~16

Let's Talk ③

教科書 94

道案内 ―質問する・説明する―

Today's Point　道順をたずねたり，教えたりする言い方

I'm looking for Midori Station.
(私は緑《みどり》駅をさがしています。)

―― **Go along this street**. **Turn left at** the second traffic light.
(この道に沿って行ってください。２つめの信号を左に曲がってください。)

「…をさがしています」と，道で，目的の場所や建物の場所をたずねるときは，
I'm looking for .... と言う。

「…をさがしている」　**I'm looking for** Midori Station.

道順をたずねるときは，Where is ...? (…はどこですか。)と言うこともできる。

「…はどこですか」　Where is Midori Station?（緑駅はどこですか。)

道順を教えるときは，方向を指で示すなどして，次のように言う。

「…を行ってください」　Go along this street.
　└進む通りの名前などを表す語句（this street）

「…で左に曲ってください」　Turn left at the second traffic light.
　左に（left）
　└曲がる場所を表す語句（the second traffic light）

※「…で右に曲がってください」と言うときは，**Turn right at** .... と言う。
※「最初の」交通信号ならfirst,「３つめ」ならthirdを使う。

道順を説明したあと，It's by ....(…のそばです。)など具体的な場所を言う。

Check!
私は郵便局をさがしています。
(　I'm　)(　looking　)(　for　) the post office.

New Words
① …に沿って　(　along　)　② 交通信号　(　traffic　)(　light　)

1 地図を見て，×の地点で道案内をする文を作りなさい。

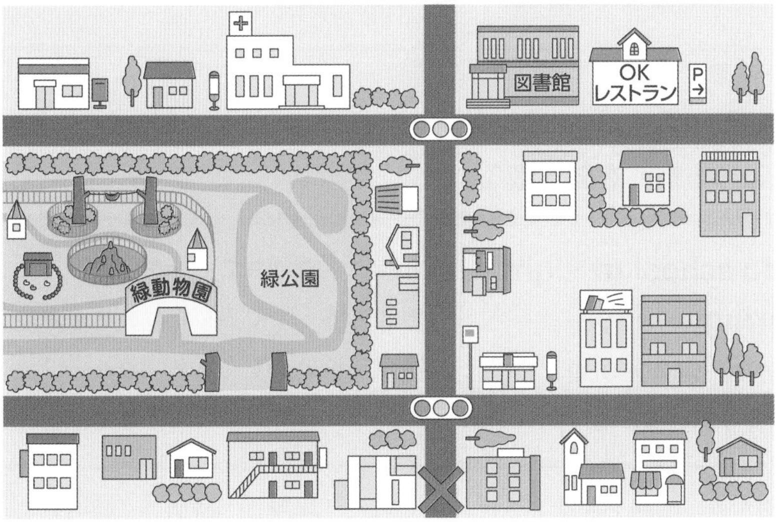

□(1)　*A*: Excuse me.
　　I'm looking for Midori Zoo.
　B: Well, ________ along this street.
　　Turn ________ at the ________ traffic light.
　　It's in Midori Park.

□(2)　*A*: Excuse me.
　　Where's OK Restaurant?
　B: Let's see .... Go ________ this street.
　　________ ________ at the second traffic light.
　　It's by the library.

Navi
それぞれ次の意味の会話になる

(1) *A*: すみません。緑動物園をさがしています。
B: ええと，この道に沿って行ってください。最初の信号を左に曲がってください。動物園は緑公園の中にありますよ。

(2) *A*: すみません。ＯＫレストランはどこですか。
B: ええと，この道に沿って行ってください。２つめの信号を右に曲がってください。レストランは図書館のそばにあります。

2 日本語に合う英語になるように，語句を正しく並べかえなさい。なお，文のはじめにくる語も小文字で示してあります。

□(1)　私は市役所をさがしています。
for / I'm / City Hall / looking / .

____

□(2)　３つめの信号を右に曲がりなさい。
right / the third / turn / traffic light / at / .

____

Point
(1)「市役所」はそれぞれの語を大文字で書きはじめることに注意。
(2) 動詞で文をはじめる。

解答 p.16

Let's Listen ②

教科書 95

欠席した友達への電話連絡

表現のまとめ

あとで友達に伝えるべき情報を聞き取る。

Please come to school **at** eight.　（8時に学校に来てください。）
You need to bring a map.　（地図を持ってくる必要があります。）
Don't forget your umbrella.　（傘を忘れないでください。）
You cannot use your smartphone.　（スマートフォンは使えません。）

あとで友達に伝えるために情報を聞くときは，聞く前に「場所」，「時間」，「持ち物」，「禁止事項」などを予想しておき，ポイントを押さえて聞き取る。

練習1 (1)～(3)の英文を聞き，その内容に合うように，(　　)に適する日本語を書きなさい。

□(1) 集合場所：(　　　　　　　　　　　　　)

集合時間：(　　　　　　　　　　　　　)

□(2) 持ってきてはいけないもの：(　　　　　　　　　　　　　)

□(3) 持ってくる必要のあるもの：(　　　　　　　　　　　　　)

練習2 英文を聞いて，＿＿＿に適切な語を書きなさい。

□ Good afternoon. I want to talk about our field trip, so please listen carefully. Please come to ＿＿＿＿ at ＿＿＿＿ . We go to Asahi Zoo by bus. We can have lunch at a ＿＿＿＿ there, so you ＿＿＿＿ need to bring lunch. And you ＿＿＿＿ bring snacks. Maybe it is rainy on that day, so don't forget your ＿＿＿＿ . Well, we can learn a lot about animals there. So let's talk about that later.

1 テイラー先生がサッカー部の部員に説明をします。それを聞いて，下の質問に対する答えとして適切なものを，それぞれア，イ，ウの中から選んで，記号で答えなさい。

□(1) What time do the students meet at their school?

ア At eight.　　イ At eight thirty.　　ウ At nine.　　(　　)

□(2) How do the students go to the park?

ア

イ

ウ

(　　)

□(3) What do the students need to bring?

ア They need to bring drinks and a cap.

イ They need to bring drinks and lunch.

ウ They need to bring a cap and lunch.　　(　　)

2 学校を欠席したユカは，クラスメートのケンからの留守番電話を聞いています。その英文を聞いて，下の質問に対する答えとして適切なものを，それぞれア，イ，ウの中から選んで，記号で答えなさい。

□(1) When is the volunteer day of Yuka's school?

ア October 3rd　　イ October 13th　　ウ October 30th　　(　　)

□(2) Where does Yuka meet Ken?

ア At their school.

イ At Yamato Park.

ウ At Ken's house.　　(　　)

□(3) What does Yuka need to bring?

ア

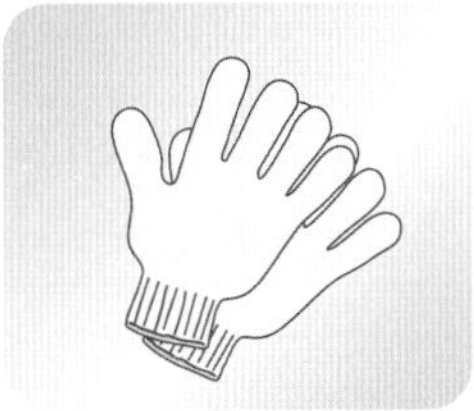

イ

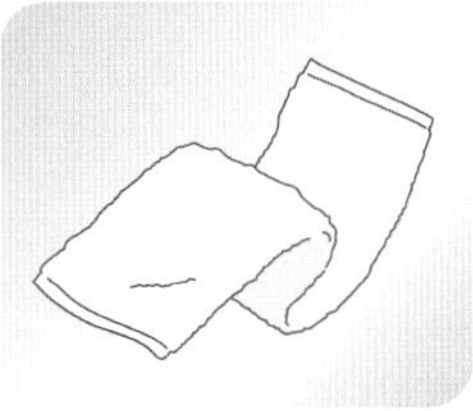

ウ

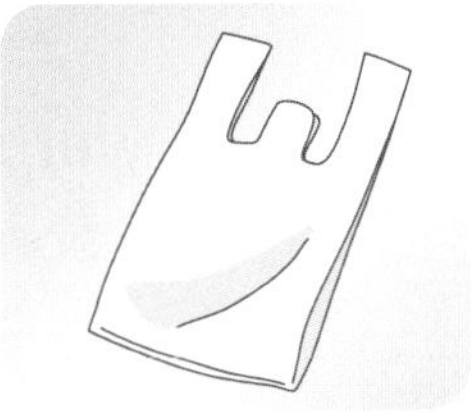

(　　)

解答 p.16

My Hero

重要文　好きな有名人などを紹介する文

My hero is Ryoma. He's a singer.
He has a beautiful voice. He writes original music. …
I like him very much. I want to see him in a concert someday.

私のヒーローはリョウマです。彼は歌手です。
彼は美しい声を持っています。彼は独創的な音楽を書きます。
…
私は彼がとても好きです。私はいつかコンサートで彼に会いたいです。

自分が好きな有名人やあこがれの人を紹介する文では，その人の「名前や職業」「特徴やよさ」「自分の気持ち」の順で書く。

最初に，「私のヒーローは…です」と，紹介したい人の名前を，**My hero is ....** の文を使って書き，その人の職業を紹介する。

My hero is Ryoma. He's a singer.
（職業名を表す語句）
（男性のときはhe，女性のときはshe）

次に，その人の特徴やよさ，できることなどを具体的に書く。

He has a beautiful voice.
have＝「…を持っている」

He can sing very well.（彼はとても上手に歌うことができます。）
can＋動詞の原形＝「…することができる」

最後に，I want to＋動詞の原形 ....の文などを使って，自分の気持ちを書く。

Check!
私のヒーローはショウヘイです。
（ My ）（ hero ）（ is ）Shohei.

New Words
① 歌詞，言葉　（ word(s) ）　② 声　（ voice ）
③ 歌　（ song ）　④ 独創的な，独自の　（ original ）

1 次の文は，ユカが紹介したい有名人の情報です。これをもとに，下の対話文の＿＿＿に入る語を書きなさい。

名前：　大坂なおみ　　Osaka Naomi
職業：　テニスの選手
好きな理由：　彼女の言葉は私を元気づけるから。
言葉：words

□ *Yuka:* (1) ＿＿＿＿ ＿＿＿＿ is Osaka Naomi.
□ She is a (2) ＿＿＿＿ ＿＿＿＿ .
Mike: Why do you like her?
□ *Yuka:* Because her words (3) ＿＿＿＿ me up.

Navi

次の意味の会話になる

ユカ：私のヒーローは大坂なおみさんです。彼女はテニスの選手です。
マイク：あなたはなぜ彼女が好きなのですか。
ユカ：彼女の言葉は私を元気づけるからです。

2 次のことをメモしておき，下でその人を紹介する文を作りなさい。

☆ 好きな有名人，あこがれの人の名前　(　　　　　　　　)
☆ 職業　(　　　　　　　　)
☆ 特徴やよさ　(　　　　　　　　)
(　　　　　　　　)

□ My hero is ＿＿＿＿＿＿＿＿ .
(He / She) is (a / an) ＿＿＿＿＿＿＿＿ .
＿＿＿＿＿＿＿＿＿＿＿＿＿＿＿＿
＿＿＿＿＿＿＿＿＿＿＿＿＿＿＿＿
＿＿＿＿＿＿＿＿＿＿＿＿＿＿＿＿

Point

- 「彼[彼女]は…出身です。」
  →He [She] is from ....
- 「彼[彼女]の誕生日は…です。」
  →His [Her] birthday is ....
- 「彼[彼女]は…歳です。」
  →He [She] is ... years old.
- 「彼[彼女]は…が得意です。」
  →He [She] is good at ....
- 「私はいつか…したいです。」
  →I want to ... someday.

Word List　jobs(職業)

芸人　comedian　　ゲームクリエイター　game creator
作家　writer　　俳優　actor
ファッションモデル　fashion model
ユーチューバー　YouTuber　　ブロガー　blogger

解答 p.17

Let's Read 1

教科書 98 ▸ 99

Let's Climb Mt. Fuji

重要文　want to＋動詞の原形の文

「want to＋動詞の原形」の文(復習)

I want to climb Mt. Fuji.
(私は富士山にのぼりたいです。)

Which trail do you want to take?
(あなたはどの登山道を利用したいですか。)

I don't want to walk in crowds.
(私は人ごみの中を歩きたくないです。)

want to＋動詞の原形は,「…したい」という意味を表す。

肯定文　I want to climb Mt. Fuji.
want to＋動詞の原形

※主語が三人称単数のときはwantに-sをつける。
※過去の文にするときはwantに-edをつける。

疑問文　Do you want to climb Mt. Fuji? (あなたは富士山にのぼりたいですか。)
└ 主語の前にdoまたはdoesを置く

Which trail do you want to take?
疑問詞を含む語句　疑問文

否定文　I don't want to walk in crowds.
wantの前にdon'tまたはdoesn'tを置く

※疑問文・否定文の作り方は,一般動詞の文と同じ。

Check!
私はその映画を見たくないです。
I (don't) (want) (to) watch the movie.

New Words

① …を計画する　(plan)　② 情報　(information)
③ 興味を持っている　(interested)　④ 簡単に,すぐに　(easily)

❶ 日本語に合う英語になるように，______に正しい語を入れなさい。

□(1) これが登山道の詳細《しょうさい》です。

______ ______ the details of the trails.

□(2) 私たちはふつうバスでのぼります。

We usually ______ ______ by bus.

□(3) 私は歩いて学校に行きます。

I go to school ______ ______.

□(4) 情報をありがとう。

______ ______ the information.

□(5) とにかく，あなたの訪問を楽しみにしています。

______, I'm looking forward to your visit.

Point

(1)「これが…です。」
→Here are ....
(2)「のぼる」→go up
(3)「徒歩で」→on foot
(4)「…をありがとう。」
→Thanks for ....
(5)「とにかく」
→anyway

❷ ボブ(Bob)から戸《と》田《だ》先生(幸一《こういち》)へのメッセージを読んで，あとの問いに答えなさい。

> Hi, Koichi. ①<u>Guess what!</u> I'm planning a summer trip to Japan. Can we meet? I want to climb Mt. Fuji, stay in a mountain hut, and see the sunrise. ②<u>Are you interested?</u>

□(1) 下線部①を日本語にしなさい。

(　　　　　　　　　　　　　　　　　　　　)

□(2) ボブはどのようなことについて，下線部②のようにたずねましたか。

(　　　　　　　　　　　　　　　　　　　　)

□(3) 本文の内容について，質問に英語で答えなさい。

What is Bob planning?

____

Point

(1) guess
→「(…を)推測する」
(2) 直前の１文の内容に着目する。
(3) 本文３文めを参照。

教科書内容の確認

次の英文が教科書98 ～ 99ページの本文の内容と合うものには○を，合わないものには×をつけなさい。

□(1) Bob likes to walk with a lot of people on Mt. Fuji.　(　　)

□(2) Koichi and Bob want to take breaks at the huts of Mt. Fuji.　(　　)

解答 p.17

Small Talk! ②

教科書 100

重要表現

英語での会話を続けられるようにする。

A: What do you want to be?
B: I want to be a vet.
A: That's nice. Do you like animals?
B: Yes, I do. I have two cats.

A: 何になりたいの？
B: 獣医になりたいんだ。
A: いいね。動物は好き？
B: うん。ネコを２匹飼っているよ。

会話を続けるためには，たずねる側が１つの話題についてくわしくたずねて，話を広げることが大切になる。

I want to be a vet. という発言に対する質問として考えられるもの。

↓

Do you like animals?
What is your favorite animal?（いちばん好きな動物は何ですか。）
Do you have any pets?（何かペットを飼っていますか。）
Does your father work at a hospital for animals?
（あなたのお父さんは動物病院で働いているのですか。）

また，相手がなぜそう思うのか，理由をたずねるのもよい。

I want a new bag.
↓
Why?（どうして？）

I do not play tennis.
↓
Why not?（どうしてしないの？）
否定文に対して理由をたずねるときはnotをつける

相手の話を聞くときは，あいづちを打つほかに，相手の言葉をくり返すことも相手の話を聞いているというサインになる。

I want to be a vet. という発言に対してのくり返し方とあいづち。

↓

Oh, you want to be a vet.　That's nice.
主語をyouにしてくり返す　感想を述べる

1 次のエミリーとリクの対話が成り立つように，あてはまる英文を選びなさい。

□(1)
ア　What's your favorite color?
イ　Where do you want to go?
ウ　Which season do you like?
（　　）

□(2)
ア　Oh, you like summer!
イ　Well, that's too bad.
ウ　I didn't know that.
（　　）

□(3)
ア　Why?
イ　Why not?
ウ　Pardon?
（　　）

Navi

それぞれ次の意味の会話になる

A＝エミリー
B＝リク
(1)*A*：どの季節が好きですか。
B：私は夏が好きです。
(2)*A*：ああ，夏が好きなのですね！
B：はい。でも冬は好きではありません。
(3)*A*：どうして好きではないのですか。
B：とても寒いです。

2 次の対話文が成り立つように，（　）に入る正しい文を下から選び，記号で答えなさい。同じものは２度使えません。

□(1) *A*: Did you watch TV last night?
B: Yes, I did. I enjoyed watching a baseball game.
A: Really? Me, too.（　　　　）

□(2) *A*: I'm looking forward to our sports festival.
B: You are looking forward to it.（　　　　）
A: I want to enjoy soccer with my friends.

□(3) *A*:（　　　　）
B: I like *okonomiyaki*.
A: Good!（　　　　）
B: Yes, she is good at making it.

ア　Why? イ　Does your mother often cook it? ウ　What food do you like? エ　Who is your favorite player?

Navi

それぞれ次の意味の会話になる

(1)*A*：昨夜，テレビを見ましたか。
B：はい，見ました。野球の試合を見て楽しみました。
A：本当？　私も。いちばん好きな選手はだれですか。
(2)*A*：体育祭を楽しみにしています。
B：体育祭が楽しみなんだね。なぜ？
A：友達とサッカーを楽しみたいです。
(3)*A*：どんな食べ物が好きですか。
B：お好み焼きが好きです。
A：いいね！お母さんはよく作ってくれますか。
B：はい，彼女はそれを作るのが得意です。

解答 p.17

Unit 10 Winter Vacation

Story ①

Key Sentence 37　一般動詞の過去形(規則動詞)

「…しました」と過去の出来事を表す言い方

I visit**ed** the museum last Sunday.
(私は先週の日曜日に博物館を訪れました。)

「…しました」と過去の出来事を言うときは，**一般動詞を -edで終わる形**にする。
この形を過去形と言う。

「…する」　I　visit　the museum every Sunday.
↓
「…した」　I　visited　the museum last Sunday.
(visited：edで終わる形　last Sunday：過去を表す語句)

※過去形は主語が何であっても同じ。

一般動詞を -edで終わる形(過去形)にするとき，語尾に -edをつけるか -dをつけるかは動詞によって異なる。

過去形の作り方	
-edをつける	play→played [d]　walk→walked [t]　want→wanted [id]
-dをつける	use→used [d]　like→liked [t]
yをiにかえて -edをつける	try→tried [id]
最後の1字をくり返して -edをつける	stop→stopped [t]

[d]「ド」，[t]「ト」，[id]「ィド」と発音が異なるので気をつけよう。

Check!
私たちは先週の火曜日にその部屋を使いました。
We (used) the room last Tuesday.

New Words
① もの，こと　(thing)　② (芝居などの)役　(part)
③ 演技，演奏　(performance)　④ この前の，昨…，先…(last)

1 絵を見て，「昨日，…しました」という文を作りなさい。

例 I watched the soccer game yesterday.

(1)

(2)

(3)

□(1) Saki ________ this computer yesterday.
□(2) Riku ________ to music yesterday.
□(3) Emily and John ________ tennis yesterday.

Navi
それぞれ次の意味の文を作る

(1)サキは昨日，このコンピュータを使いました。
(2)リクは昨日，音楽を聞きました。
(3)エミリーとジョンは昨日，テニスをしました。

2 日本語に合う英語になるように，____に正しい語を入れなさい。

□(1) 私は博物館を見てまわりました。
I ________ ________ the museum.

□(2) その博物館は興味深いものでいっぱいです。
The museum ________ ________ ________ interesting things.

□(3) 12月31日の午後に，私はそこにいました。
________ the afternoon of December 31, I was there.

Point

- 「…を見てまわる」→look around ...
- 「…でいっぱいである」→be full of ...
- ある特定の日の午後［午前］に，と言うときはonを使う

3 日本語に合う英語になるように，語句を正しく並べかえなさい。なお，文のはじめにくる語も小文字で示してあります。

□(1) 私は友達とロンドンへ旅行しました。
London / to / my friend / I / with / traveled / .

____

□(2) 私たちはそこに1週間いました。
there / we / a week / stayed / for / .

____

Point

- 「…へ旅行する」→travel to ...
- 「とどまる［いる］」→stay

Unit 10

教科書内容の確認

次の英文が教科書103ページの本文の内容と合うものには○を，合わないものには×をつけなさい。

□(1) Ms. Cook saw a lot of interesting things at the British Museum. (　　)
□(2) Ms. Cook enjoyed watching a musical in London. (　　)

解答 p.18

Unit 10 Winter Vacation

Story ②

Key Sentence 38　一般動詞の過去形(不規則動詞)

「…を見ました」や「…と言いました」などの言い方

I **saw** fireworks that night.
(私はその夜花火を見ました。)

動詞には，過去形が-edで終わる形になるもの(規則動詞)と，不規則に形が変化するもの(不規則動詞)がある。

「…を見る」　I see fireworks every summer.
↓
「…を見た」　I saw fireworks that night.
⇒seeの過去形　　過去を表す語句

※不規則動詞の過去形も，主語が何であっても形は同じ。

よく使われる不規則動詞	
eat → ate	come → came
go → went	feel → felt
have → had	say → said
see → saw	stand → stood
spend → spent	take → took

いろいろな不規則動詞の過去形を覚えよう！

Check!
私は昨日メグに会いました。
I (saw) Meg yesterday.

New Words
① …と感じる (feel)
② feelの過去形 (felt)
③ (時)を過ごす (spend)
④ spendの過去形 (spent)
⑤ takeの過去形 (took)
⑥ sayの過去形 (said)
⑦ comeの過去形 (came)
⑧ standの過去形 (stood)
⑨ (…を)数える (count)
⑩ それぞれの，各自の (each)

1 絵は，サキの今朝の行動を描いたものです。これを見て，「…しました」という文を作りなさい。

(1)

have

(2)

go

(3)

say

□(1) Saki ________ toast this morning.

□(2) She ________ to school by bus this morning.

□(3) She ________ , "Good morning." to her friend this morning.

Navi

それぞれ次の意味の文を作る

(1)サキは今朝，トーストを食べました。
(2)彼女は今朝，バスで学校に行きました。
(3)彼女は今朝，友達に『おはよう』と言いました。

2 日本語に合う英語になるように，______に正しい語を入れなさい。

□(1) 私たちは新年に向かって秒読みしました。

We ________ ________ to the New Year.

□(2) 真夜中に，私たちは花火を見ました。

________ ________, we saw some fireworks.

□(3) 人々はたがいに，「新年おめでとう！」と言いました。

People said, "Happy New Year!" to ________ ________.

Point

・「秒読みする」
　→count down
・「夜の12時［真夜中］」
　→midnight

3 日本語に合う英語になるように，語句を正しく並べかえなさい。なお，文のはじめにくる語も小文字で示してあります。

□(1) 私たちはその夜歩きまわりました。

night / around / we / that / walked / .

____

□(2) 人々は時計塔の近くに立っていました。

the clock tower / stood / near / people / .

____

Point

・「歩きまわる」
　→walk around
・「…の近くに」
　→near ...

Unit 10

教科書内容の確認

次の英文が教科書104ページの本文の内容と合うものには○を，合わないものには×をつけなさい。

□(1) Ms. Cook went to Big Ben by bus. (　　)

□(2) Ms. Cook walked in crowds near the clock tower. (　　)

解答 p.18

Unit 10 Winter Vacation
Story ③

Key Sentence 39　一般動詞の過去形の疑問文

「…しましたか」とたずねる言い方と答え方

Did you get up early yesterday**?**
（あなたは昨日早く起きましたか。）

— Yes, I **did**. [No, I **did not**.]
（— はい，起きました。[いいえ，起きませんでした。]）

「…しましたか」と，過去の出来事をたずねるときは，**didを主語の前に**置く。そのとき，動詞はもとの形にする。また，主語が何であっても同じ。

「…をした」　I got up early yesterday.（私は昨日早く起きました。）

「…をしましたか」　Did you get up early yesterday?
（Did：主語の前に　get：動詞はもとの形）

Did ...?の文には，didを使って答える。

Yes, I did. / No, I did not.
（did not = didn't）

疑問文の主語に合わせて，Yes, he did.やNo, she didn't.のように答えよう。

また，「…しませんでした」と言うときは，**動詞の前にdid not [didn't]**を置く。そのとき，動詞はもとの形にする。また，主語が何であっても同じ。

「…しませんでした」　We didn't go anywhere.（私たちはどこにも行きませんでした。）
（didn't：動詞の前に　go：動詞はもとの形）

Check!
あなたは昨日ピアノを練習しましたか。— いいえ，しませんでした。
(Did) you practice the piano yesterday?
— No, I (did) (not).

New Words

① 伝統的な	(traditional)	② 特別の	(special)
③ makeの過去形	(made)	④ getの過去形	(got)

1 リクのある日の日記を見て，質問に答えなさい。

□(1) Did Riku get home at five?
— ＿＿＿＿, he ＿＿＿＿.

□(2) Did he study before dinner?
— ＿＿＿＿, he ＿＿＿＿.

□(3) What did he have for dinner?
— He ＿＿＿＿ *tempura*.

Navi
質問の文の意味は次のとおり
(1)リクは５時に帰宅しましたか。
(2)彼は夕食前に勉強しましたか。
(3)彼は夕食に何を食べましたか。

2 日本語に合う英語になるように，＿＿＿に正しい語を入れなさい。

□(1) 私は今朝，６時に起きました。
I ＿＿＿＿ ＿＿＿＿ at six this morning.

□(2) 海斗《かいと》のお母さんは私たちにおせち料理を持ってきました。
Kaito's mother ＿＿＿＿ *osechi* ＿＿＿＿ us.

□(3) 私たちは家でいっしょにくつろぎました。
We relaxed ＿＿＿＿ ＿＿＿＿ together.

Point
・「起きる」→get up
・「～に…を持ってくる」→bring ... to ～

3 日本語に合う英語になるように，語句を正しく並べかえなさい。なお，文のはじめにくる語も小文字で示してあります。

□(1) あなたは昨日何をしましたか。
did / yesterday / do / what / you / ?

＿＿＿＿＿＿＿＿＿＿＿＿＿＿＿＿

□(2) 彼女は昨夜テレビを見ませんでした。
watch TV / night / did / last / not / she / .

＿＿＿＿＿＿＿＿＿＿＿＿＿＿＿＿

Point
・疑問詞whatのあとに，過去の疑問文を続ける。
・過去を表す語句
「昨日」→yesterday
「昨夜」→last night
「先週」→last week

教科書内容の確認

教科書106ページの本文の内容について，質問に英語で答えなさい。

□(1) What did Kaito's mother do for Meg and her family?
— She ＿＿＿＿ ＿＿＿＿ and brought it to them.

□(2) Did Asami go to a shrine on New Year's Day?
— ＿＿＿＿, she ＿＿＿＿.

Unit 10

解答 p.18

Unit 10 総合問題

教科書 103▸106

1 語句・表現　日本語に合う英語になるように，＿＿＿に正しい語を入れなさい。

□(1) その図書館は興味深い本でいっぱいです。

The library ＿＿＿ ＿＿＿ ＿＿＿ interesting books.

□(2) 私は今朝，７時に起きました。

I ＿＿＿ ＿＿＿ at seven this morning.

□(3) 今日は家にいてください。

Please stay ＿＿＿ ＿＿＿ today.

□(4) 何をしたのですか。―― 特別なことは何もしなかったよ。

What did you do? ―― ＿＿＿ ＿＿＿.

2 文法　(　　)に入る語を正しい形に直して書きなさい。

□(1) We (practice) tennis last Sunday.　＿＿＿

□(2) I (study) English last night.　＿＿＿

□(3) My mother (make) curry and rice yesterday.　＿＿＿

□(4) (Do) the student use this room this morning?　＿＿＿

3 文法　各文を(　　)内の指示にしたがって書きかえるとき，＿＿＿に正しい語を入れなさい。

□(1) Taku walks in the park <u>every morning</u>.　(下線部をyesterdayに)

Taku ＿＿＿ in the park yesterday.

□(2) I go to the fish market <u>every day</u>.　(下線部をlast weekに)

I ＿＿＿ to the fish market last week.

□(3) Eri brought her dictionary to school.　(否定文に)

Eri ＿＿＿ ＿＿＿ her dictionary to school.

ヒント

1(4)　語尾が-thingの語はうしろに形容詞を置く。

2(2)　語尾のyをiにかえて-edをつける。

3(1)(2)　過去の文にするので，動詞を過去形にする。　(3)　didn'tを使うときは，動詞をもとの形にする。

4 **文法**　日本語に合う英語になるように，語句を正しく並べかえなさい。なお，文のはじめにくる語も小文字で示してあります。

□(1)　私はそのとき，英語を話そうと努力しました。
tried / then / speak / to / English / I / .

□(2)　彼は昨日たくさんの写真を撮りました。
a lot of / he / yesterday / took / pictures / .

□(3)　あなたはいつケンに会ったのですか。
see / did / Ken / you / when / ?

5 **読解**　文章を読んで，あとの問いに答えなさい。

My friend and I spent the night near Big Ben, a famous clock tower. We took "the Tube," London's subway, to Westminster Station. We ate fish and chips, and walked around. Many people came and stood near the clock tower. We all counted down to the New Year together. At midnight, we saw some great fireworks. People said, "Happy New Year!" to each other. I felt so happy. We had a wonderful time.

□(1)　多くの人々が時計塔の近くに来たのはなぜですか。その理由を述べた文を完成しなさい。
みんなでいっしょに(　　　　　　　　　　　　　　　　　　　　)ため。

(2)　本文の内容について，質問に英語で答えなさい。

□①　How did Ms. Cook get to Big Ben?

□②　What did Ms. Cook see at midnight?

□(3)　下線部を日本語にしなさい。
(　　　　　　　　　　　　　　　　　　　　)

ヒント
4(1)「…しようと努力する」＝try to …　(2)「写真を撮る」＝take pictures
(3)　疑問詞で文をはじめる。
5(1)　本文３～４行めを参照。　(2)①　本文２行めを参照。　(3)　felt は feel の過去形。

解答 p.18～19

Let's Write ②

教科書 108

旅先からの便り —絵はがき—

旅先からの絵はがきを書く

February 11, 2022

Dear Grandma,

How are you? I am in Fukushima.

Today I skied for the first time. I fell down many times! …

I miss you. Take care of yourself.

Love,

Meg

2022年2月11日

親愛なるおばあちゃん，

お元気ですか。私は福島にいます。

今日，私ははじめてスキーをしました。私は何回も転びました！

…

おばあちゃんがいないのをさびしく思います。体に気をつけてね。

愛をこめて，

メグ

はがきの右上に，「月＋日, 西暦」の順で日付を書く。「日」は数字で書く。

次に，はじめのあいさつを書く。親しい相手には，Dear＋名,の形で，目上やはじめての相手にはDear Mr. [Ms.]＋姓,の形を使う。終わりにコンマを打つ。

本文は「導入」「内容」「まとめ」の順に書く。

「導入」では，相手の調子をたずねる文を書き，続けて，自分のいる場所を書く。

「内容」では，自分のしていることや，したことを書く。

「私は…にいる」　I am in ....

「私は…している」　I am ...ing ～.

「私は…しました」　I＋動詞の過去形 ～.

「まとめ」では，結びの言葉として相手への気持ちや伝えたいことなどを書く。

終わりのあいさつでは，Best wishes,がよく使われるが，親しい相手には，Your friend,やLove,と書いてもよい。終わりにコンマを打つ。

最後に自分の名前を書く。

Check!

私は沖縄にいます。

I (am) (in) Okinawa.

New Words

① 外で[に，へ]　(outside)　② ホテル，旅館　(hotel)

③ 雪が降る　(snow)　④ …がいないのをさびしく思う (miss)

1 サリーがエリにあてたはがきを読んで，あとの問いに答えなさい。

February 20, 2022

① ________ Eri,

How are you? I'm in Hokkaido now. It's ②(snow) a lot, but I'm ③(enjoy) cold winter.

I ④(go) to Sapporo and ⑤(see) *yukimatsuri* yesterday. I like Hokkaido very much.

Take care.

⑥ ________,

Sally

Point

(1) はじめと終わりのあいさつ。決まった表現である。
(2) ②はIt's，③はI'm，④⑤はyesterdayに注意して，語の形を考える。

(1) ①，⑥に入る語を書きなさい。

□① ________　　□⑥ ________

(2) ②～⑤の語を正しい形にかえなさい。

□② ________　　□③ ________

□④ ________　　□⑤ ________

2 はがきの日本語に合うように，______に正しい語句(1～4語)を入れなさい。

ぼくは今，島根にいます。
昨日は出雲《いずも》大社《たいしゃ》をはじめて訪れましたよ。
すばらしい時を過ごしています。

□① ________ in Shimane now.

Yesterday □② ________ the Izumo Taisha grand shrine □③ ________.

□④ ________ a great time.

Navi

次の部分を考える

①「ぼくは…にいます。」
②「ぼくは…を訪れました。」
③「はじめて」
④「ぼくは…を過ごしています。」

解答 p.19

Unit 11 This Year's Memories
Story ①

Key Sentence 40　be動詞の過去形

「…でした」や「…でしたか」という言い方

Were you a starter in the last game**?**
（あなたは前回の試合で先発メンバーでしたか。）

— Yes, I **was**. [No, I **was not**.]
（— はい，そうでした。[いいえ，そうではありませんでした。]）

「…でした」や「…にいました」と言うときは，am，are，isを過去形にする。
am，isの過去形は**was**で，areの過去形は**were**。

「…だった」　You were a starter in the last game.
（were：areの過去形）

「…でしたか」や「…にいましたか」とたずねるときは，**wasやwereを主語の前に出す**。

「…でしたか」　Were you a starter in the last game?
（Were：主語の前に）

主語が単数やyou（あなたは）のWas [Were] …?の文には，
Yes, … was.か**No, … was not [wasn't].**で答える。

主語が複数やyou（あなたたちは）のWere …?の文には，
Yes, … were.か**No, … were not [weren't].**で答える。

Check!

あなたはそのとき空腹でしたか。
（ Were ）you hungry then?
— はい，そうでした。[いいえ，そうではありませんでした。]
— Yes, I（ was ）. [No, I（ was ）（ not ）.]

New Words

① 半分，2分の1（ half ）　② areの過去形（ were ）
③ 負ける（ lose ）　④ loseの過去形（ lost ）

1 絵のリクの様子を見て，質問に答えなさい。

□(1) Was Riku at home at two?

—— ________, he ________.

□(2) Was he happy then?

—— ________, he ________.

□(3) Were the cats by him?

—— ________, they ________.

Navi

過去形の疑問文の答え方

主語によって，was とwereを使い分ける。

2 日本語に合う英語になるように，____に正しい語を入れなさい。

□(1) 最初は，私は練習後は疲れていました。

________ ________, I was tired after practice.

□(2) それはほかの学校との私の最初の試合でした。

It ________ my first game ________ ________ school.

□(3) 私たちはみな悲しかったです。

We ________ all sad.

Point

いくつかあるものの中から1つ選んで，「ほかの…」と言うときは，anotherを使う。

3 日本語に合う英語になるように，語を正しく並べかえなさい。なお，文のはじめにくる語も小文字で示してあります。

□(1) 休暇はどうでしたか。

was / vacation / how / your / ?

____

□(2) 私たちは２対１で負けました。

2 / 1 / we / to / lost / .

____

Point

・「…はどうでしたか」
→How was ...?
・スコアの「…対～」は ... to ～で表す。

教科書内容の確認

教科書111ページの本文の内容について，質問に英語で答えなさい。

□(1) Was Kaito a starter in the last game?

—— ________, he ________.

□(2) Were Kaito and the players in his team all sad after the game?

—— ________, they ________.

解答 p.19

Unit 11 This Year's Memories

Story ②

Key Sentence 41　There is [are] ....の文

「…があります」や「…がいます」という言い方

Is there a campground near the lake**?**
（湖の近くにキャンプ場がありますか。）

── Yes, **there is**. [No, **there is not**.]
（── はい，あります。[いいえ，ありません。]）

There are outdoor kitchens, too.
（屋外調理場もあります。）

「…があります[います]」と言うときは，**There is [are] ....** の形を使う。

「…がある」　There are outdoor kitchens, too.
└ 地名や人名，the ... のような特定のものは入れない

※単数のものや人について言うときはis，複数ならareを使う。
※「…があった[いた]」と過去のことを言うときは，wasかwereを使う。

「～に…がありますか[いますか]」とたずねるときは，**isやareをthereの前に**出す。

「…がありますか」　Is there a campground near the lake?
thereの前に　主語（…が）　場所を表す語句

Is [Are] there ...?の文には，thereを使って答える。
「はい，あります」　**Yes, there is.** か **Yes, there are.**
「いいえ，ありません」　**No, there is not.** か **No, there are not.**
=isn't　=aren't

Check!
この町には何軒かの書店があります。
（ There ）（ are ）some bookstores in this town.

New Words
① ごみ，くず　（ trash ）　② シャワー　（ shower ）
③ 台所，調理場　（ kitchen ）　④ setの過去形　（ set ）

1 絵を見て，質問に答えなさい。

□(1) Is there a computer on the table?

—— ______________________

□(2) Is there a dog under the table?

—— ______________________

□(3) Are there any apples on the table?

—— ______________________

Navi
質問の文の意味は次のとおり

(1)テーブルの上にコンピュータがありますか。
(2)テーブルの下にイヌがいますか。
(3)テーブルの上にリンゴがいくつかありますか。

2 日本語に合う英語になるように，＿＿＿に正しい語を入れなさい。

□(1) 公園の中に図書館があります。

________ ________ a library in the park.

□(2) この湖にはたくさんの魚がいます。

________ ________ a lot of fish in this lake.

□(3) 私の家の近くによいレストランがありました。

________ ________ a good restaurant near my house.

Point
主語が単数か複数か，現在の文か過去の文かに注意して，be動詞を使い分ける。

3 日本語に合う英語になるように，語句を正しく並べかえなさい。なお，文のはじめにくる語も小文字で示してあります。

□(1) そこには何人かの生徒がいますか。

students / are / there / any / there / ?

____

□(2) 湖の近くには少しのゴミがありました。

was / trash / the lake / some / near / there / .

____

Point
・「そこに」
→there
・数えられない名詞が主語のときはisまたはwasを使う。

教科書内容の確認

教科書112ページの本文の内容について，質問に英語で答えなさい。

□(1) Is there a lake near Mt. Asahi?

—— ________, ________ ________.

□(2) Are there showers in the campground?

—— ________, ________ ________.

Unit11

解答 p.19

Unit 11 This Year's Memories

Story ③

Key Sentence 42　過去進行形

「…していました」という言い方

I **was** play**ing** soccer then.
（私はそのときサッカーをしていました。）

過去のある時点に「…していました」と言うときは，**was [were]＋...ing** の形を使う。

「…している」　I am playing soccer now.　（私は今サッカーをしています。）

「…していた」　I was playing soccer then.
was＋...ing

「…していましたか」とたずねるときは，**was** や **were** を主語の前に出す。

「…していましたか」　Were you playing soccer then?
主語の前に　（あなたはそのときサッカーをしていましたか。）

「何を…していましたか」　What were you doing?
疑問詞　疑問文の語順
（あなたは何をしていましたか。）

Was [Were] ...? の文には，**Yes, ... was [were].** や **No, ... was [were] not.** で答える。

「…していませんでした」と言うときは，**was** や **were** のあとに **not** を入れる。

「…していませんでした」　It was not snowing.　（雪は降っていませんでした。）

Check!　私はそのとき絵をかいていました。
I (was) (drawing) a picture then.

New Words　① これらの　(these)　② 写真　(photo)

1 絵は，10時にそれぞれがしていたことをかいたものです。これを見て，「…していました」という文を作りなさい。

例 My mother was cooking then [at ten].

(1)

(2)

(3)

Navi
過去進行形の文の作り方

主語がyou(あなた)以外の単数ならwas＋…ingに，youや複数ならwere＋…ingにする。

□(1) Saki __________ __________ at ten.

□(2) Riku __________ __________ pictures then.

□(3) Emily and John __________ __________ in the park then.

2 日本語に合う英語になるように，_____に正しい語を入れなさい。

□(1) これらの写真はよい思い出を思い出させます[もたらします]。

These pictures __________ __________ good memories.

□(2) 私は学校へ行く途中でエリに会いました。

I saw Eri __________ __________ __________ __________ school.

Point
・「…を思い出させる」
→bring back …
・「(…へ行く)途中で」
→on one's way (to …)

3 日本語に合う英語になるように，語を正しく並べかえなさい。なお，文のはじめにくる語も小文字で示してあります。

□(1) 私は外でサッカーをしていました。

was / outside / soccer / I / playing / .

____

□(2) あなたは私をさがしていたのですか。

looking / me / were / for / you / ?

____

Point
・「外で」
→outside
・「…をさがす」
→look for …

教 科書内容の確認

次の英文が教科書114ページの本文の内容と合うものには○を，合わないものには×をつけなさい。

□(1) Kaito was looking for Meg during lunch break. (　　)

□(2) Meg brought a photo album to Kaito. (　　)

解答 p.20

Unit 11 総合問題

教科書 111▸114

1 語句・表現　日本語に合う英語になるように，＿＿＿に正しい語を入れなさい。

□(1) はじめのうちは，私は緊張していました。

＿＿＿＿ ＿＿＿＿, I was nervous.

□(2) その歌は楽しい思い出を思い出させます。

The song ＿＿＿＿ ＿＿＿＿ happy memories.

□(3) 彼は家に帰る途中で本を買いました。

He bought a book ＿＿＿＿ ＿＿＿＿ ＿＿＿＿ home.

□(4) ユカは昨日，私にそのアルバムを見せてくれました。

Yuka ＿＿＿＿ the album ＿＿＿＿ me yesterday.

2 文法　(　　)に入る正しい語を選んで書きなさい。

□(1) I (wasn't, weren't) at home yesterday. ＿＿＿＿

□(2) There (is, are) some water in the bottle. ＿＿＿＿

□(3) Were there any trees here? —— Yes, (they, there) were. ＿＿＿＿

□(4) We were (studying, studied) math then. ＿＿＿＿

3 文法　各文を(　　)内の指示にしたがって書きかえるとき，＿＿＿に正しい語を入れなさい。

□(1) My parents are busy today. (下線部をlast Sundayに)

My parents ＿＿＿＿ busy last Sunday.

□(2) Our city has a zoo. (ほぼ同じ意味の文に)

＿＿＿＿ ＿＿＿＿ a zoo in our city.

□(3) Tom cleans his room on weekends. (下線部をthenに)

Tom ＿＿＿＿ ＿＿＿＿ his room then.

ヒント

1(4) 動詞によってtoかforかを使い分ける。

2(2) 数えられない名詞のbe動詞はisかwas。

3(1) 過去の文にする。　(2) have [has]＝「…がある」　(3) 過去進行形の文にする。

4 文法　日本語に合う英語になるように，語句を正しく並べかえなさい。なお，文のはじめにくる語も小文字で示してあります。

□(1)　札幌はとても寒かったです。

was / in / very / Sapporo / it / cold / .

□(2)　図書館の前に公園があります。

is / front / there / the library / of / in / a park / .

□(3)　そのときあなたたちは何をしていましたか。

you / then / what / doing / were / ?

5 読解　会話文を読んで，あとの問いに答えなさい。

Josh：	In July, we went to Lake Sakura on our school camping trip. Lake Sakura is at the foot of Mt. Asahi.
Ms. Cook：	Is there a campground near the lake?
Josh：	Yes, there is. ①There are showers and outdoor kitchens, too. So we set up tents and stayed for two nights.
Ms. Cook：	Sounds like fun! Was it beautiful there?
Josh：	Yes, but there was some trash near the lake, so we picked it up.
Ms. Cook：	②Good job.

□(1)　下線部①を日本語にしなさい。

(　　　　　　　　　　　　　　　　　　　　　　　　)

□(2)　下線部②はどのようなことに対してクック先生は言いましたか。日本語で書きなさい。

(　　　　　　　　　　　　　　　　　　　　　　　　)

(3)　本文の内容について，質問に英語で答えなさい。

□①　Is there a lake at the foot of Mt. Asahi?

□②　How long did Josh stay at the campground?

ヒント

4(2)「…の前に」＝in front of ...　(3)「何」とたずねるときは疑問詞whatで文をはじめる。

5(2)　直前のジョシュの発言内容に着目。　(3)②　ジョシュの２つめの発言内容に着目。

解答 p.20

Let's Talk ④ 教科書116

レストラン —注文する—

Today's Point 注文をしたり，答えたりする文

What would you like? —— **I'd like** a steak.
（何になさいますか。 —— ステーキをお願いします。）

Would you like some dessert? —— **Yes, please.** [**No, thank you.**]
（デザートはいかがですか。 —— はい，お願いします。[いいえ，結構です。]）

レストランなどで，「何になさいますか。」と，ていねいな言い方で注文を取るときは，**What would you like?** と言う。

「…をお願いします」と注文するときは，want（…がほしい）よりもていねいな言い方の，**would like ...** を使う。

「…をお願いします」 I'd like a steak.
=I would　　└ほしいもの

また，「…はいかがですか」と，ものをすすめるときは，**Would you like ...?** と言う。

「…はいかがですか」 Would you like some dessert?
すすめるもの

すすめを受けるときは，**Yes, please.**，断るときは，**No, thank you.**
と答える。断るときには，理由を一言加えるとよい。

「…するのはいかがですか」と，ていねいにすすめたり，「…したいのですが」と希望を述べるときは，**would like to ＋動詞の原形**を使う。

What **would** you **like to drink**?（何をお飲みになりたいですか。）

Check!

何になさいますか。 —— パフェをお願いします。
(What) (would) you (like) ?
—— (I'd) (like) a parfait.

緑茶はいかがですか。 —— はい，お願いします。
(Would) (you) (like) some green tea?
—— (Yes), (please) .

New Words

① 給仕，ウェイター (server) ② 楽しみ，喜び (pleasure)

1 会話の吹き出しに入る文を下から選び，記号で答えなさい。

(1)

(2)

□(1)　(　　　)　　□(2)　(　　　)

ア　What would you like?
イ　Can I have some eggs?
ウ　Would you like some tea?
エ　My pleasure.

Navi
女の子の発言の意味は次のとおり

(1)はい，お願いします。
(2)トーストをお願いします。

2 次の対話文が成り立つように，＿＿に正しい語を入れなさい。

□(1)　*A*: What ＿＿＿＿ you like?
　B: ＿＿＿＿ like curry and rice.

□(2)　*A*: ＿＿＿＿ you like some dessert?
　B: No, ＿＿＿＿ you. I'm full.

□(3)　*A*: ＿＿＿＿ you like ＿＿＿＿ drink some tea?
　B: Yes, please.

□(4)　*A*: It was delicious. Thank you.
　B: My ＿＿＿＿ .

Navi
それぞれ次の意味の会話になる

(1)*A*：何になさいますか。
　B：カレーライスをお願いします。
(2)*A*：デザートはいかがですか。
　B：いいえ，結構です。おなかがいっぱいです。
(3)*A*：紅茶を飲むのはいかがですか。
　B：はい，お願いします。
(4)*A*：おいしかったです。ごちそうさまでした。
　B：どういたしまして。

3 日本語に合う英語になるように，語句を正しく並べかえなさい。なお，文のはじめにくる語も小文字で示してあります。

□(1)　何をお食べになりたいですか。
to / you / what / have / like / would / ?

＿＿＿＿＿＿＿＿＿＿＿＿＿＿＿＿＿＿＿＿

□(2)　サラダをお願いします。
like / would / a salad / I / .

＿＿＿＿＿＿＿＿＿＿＿＿＿＿＿＿＿＿＿＿

Point

・「…するのはいかがですか」
　→Would you like to＋動詞の原形
・「…をお願いします」
　→I would like ....

解答 p.20

Let's Listen ③

教科書117

ラジオ DJ のトーク

表現のまとめ

休暇の思い出など日常的な話を聞き取る

I visited Okinawa this summer. （私は今年の夏に沖縄を訪れました。）
I stayed there for three days. （私はそこに３日間滞在しました。）
There were a lot of people on the beach. （浜には多くの人々がいました。）
I enjoyed swimming. （私は泳ぐのを楽しみました。）

休暇の思い出を聞くときは，「いつ行ったのか」，「行った場所」，「期間」，「したこと」，「できなかったこと」などを，季節を表す言葉や数字などに注意して聞き取る。

練習1 ⑴～⑶の英文を聞き，その内容に合うように，（　　）に適する日本語を書きなさい。

□⑴　話している季節：（　　　　　　　　　　）
□⑵　滞在した日数：（　　　　　　　　　　）
□⑶　ホテルでしたこと２つ：（　　　　　　　　　　　　　　　　）
（　　　　　　　　　　　　　　　　）

練習2 英文を聞いて，______に適切な語句を書きなさい。

□　Good morning, everyone. Thank you for joining us. This is Jack. I usually walk here. This morning, I saw beautiful flowers in the park. Now, how are you enjoying the ________? Last week, I went to *onsen* with my friends. We stayed at a hotel for ________ days. It's a nice hotel. I enjoyed ________ a ________ many times. The food there was very good. I had a ________ for dinner. There are a lot of famous hotels in the *onsen* area. One of them has a large swimming pool. ________ ________, I want to visit the hotel and enjoy ________ there.

1 ラジオDJのリサのトークを聞いて，下の質問に答えなさい。

□(1) リサが北海道に滞在した日数を，下のア，イ，ウから選んで，記号で答えなさい。

ア　2日間　　　イ　3日間　　　ウ　4日間　　　（　　）

□(2) リサが北海道でしたことには○，しなかったことには×をつけなさい。

ア

（　　）

イ

（　　）

ウ

（　　）

エ

（　　）

□(3) 最後にリサが出題したクイズについて，リスナーになったつもりで答えなさい。

2 ラジオDJのケンのトークを聞いて，下の質問に答えなさい。

□(1) ケンがキャンプに行った季節を，下のア，イ，ウから選んで，記号で答えなさい。

ア　春　　　イ　夏　　　ウ　秋　　　（　　）

□(2) ケンがこの前の週末にしたことには○，しなかったことには×をつけなさい。

ア

（　　）

イ

（　　）

ウ

（　　）

エ

（　　）

□(3) 最後にケンが出題したクイズについて，リスナーになったつもりで答えなさい。

解答 p.21

Grammar for Communication 7

教科書 118▶119

過去形と過去進行形

すでに終わったことを表すときは，一般動詞を過去形にする。
過去の状態について説明するときは，be動詞の過去形（wasまたはwere）を使う。
過去のある時点での動作を表すときは、過去進行形（be動詞の過去形＋...ing）を使う。

一般動詞の過去形		主語（S）	動詞（V）	目的語（O）	修飾語
肯定文		I	play**ed** -edで終わる規則動詞の過去形	tennis	yesterday.
		Tom	**had** 不規則に変化する不規則動詞の過去形	pizza	last night.
否定文		Tom	**did not** have	pizza	last night.
疑問文	**Did**	Tom	have	pizza	last night?

── Yes, he **did**. / No, he **did not** [**didn't**].

be動詞の過去形		主語（S）	動詞（V）	補語（C）	修飾語
肯定文		Tom	**was**	busy	yesterday.
否定文		Tom	**was not**	busy	yesterday.
疑問文	**Was**	Tom		busy	yesterday?

── Yes, he **was**. / No, he **was not** [**wasn't**].

過去進行形		主語（S）	動詞（V）	目的語（O）	修飾語
肯定文		I	**was** read**ing**	a book	at 10 last night.
否定文		I	**was not** read**ing**	a book	at 10 last night.
疑問文	**Were**	you	read**ing**	a book	at 10 last night?

── Yes, I **was**. / No, I **was not** [**wasn't**].

★were not = weren't

1 (　　)内の語を正しい形にかえなさい。

□(1) I (use) this bag yesterday. ______

□(2) Eri and I (go) to the library last Saturday. ______

□(3) My parents (be) in Sapporo last night. ______

□(4) Kenji was (watch) a soccer game then. ______

2 日本語に合う英語になるように，______に正しい語を入れなさい。

□(1) 彼は昨夜，宿題をしませんでした。
He ______ ______ his homework last night.

□(2) あなたは昨日，具合が悪かったのですか。 ―― いいえ，ちがいます。
______ you sick yesterday? ―― No, I ______ .

□(3) 私たちはそのとき，音楽を聞いていました。
We ______ ______ to music then.

3 各文を(　　)内の指示にしたがって書きかえなさい。

□(1) Ken took the picture yesterday. (下線部が答えの中心になる疑問文に)

______

□(2) It was cold yesterday. (否定文に)

______

□(3) They were studying English then. (疑問文に)

______

4 日本語に合う英語になるように，語句を正しく並べかえなさい。なお，文のはじめにくる語も小文字で示してあります。

□(1) 今朝，あなたは早く起きましたか。
you / up / get / this morning / early / did / ?

______

□(2) 昨夜の10時に，あなたのお父さんは何をしていましたか。
was / last night / doing / your father / at 10 / what / ?

______

解答 p.22

My Favorite Event This Year

重要文　思い出に残った学校行事を紹介する文

My favorite event this year was our sports day.
It was in June. …
… I enjoyed the day very much.

今年の私のいちばん好きな行事は体育祭でした。
それは６月にありました。…
…私はその日をとても楽しみました。

この１年間でいちばん思い出に残った行事を紹介する文では，
「行事名の紹介」「いつ，どこで，何をしたか」「感想」の順で書く。

最初に，「今年の私のいちばん好きな行事は…でした。」と，
紹介したい行事名を，**My favorite event this year was＋行事名.**
の文を使って書く。

My favorite event this year was our sports day.
（sports day：行事名を表す語句）

次に，その行事はいつ行われたかなどを具体的に書く。

It was in June.
（was：過去形　in June：時を表す語句）

「…月に」はin＋月名，
「(日付)…に」はon＋月名＋数字，
で表すよ。

最後に，感想を一言加える。

I enjoyed the day very much.
（enjoyed：過去形）

Check!　今年の私のいちばん好きな行事は遠足でした。
My (favorite) (event) this year (was) our field trip.

New Words

①	…の後ろに	(behind)	②	走者	(runner)
③	runの過去形	(ran)	④	winの過去形	(won)

1 日本語に合う英語になるように，＿＿＿に正しい語を入れなさい。

□(1) 私はリレーで走りました。

I ＿＿＿＿＿ in the ＿＿＿＿＿ .

□(2) ほかの走者が私のすぐ後ろにいました。

Another runner was just ＿＿＿＿＿ ＿＿＿＿＿ .

□(3) 私たちのチームは１位になりました。

Our team ＿＿＿＿＿ first ＿＿＿＿＿ .

□(4) 私はとてもうれしかったです。

I ＿＿＿＿＿ so ＿＿＿＿＿ .

Point

(1) 一般動詞を過去形にする。
(2) 前置詞の後ろに来る代名詞は「…を[に]」の形を使う。
(3)「…を勝ち取る」→win
(4) be動詞を過去形にする。

2 メモをもとにして，思い出に残った行事について発表する文になるように，＿＿＿に正しい語句(1 ～ 5 語)を入れなさい。

① 今年のいちばん好きな行事は文化祭だった。
② それは11月にあった。
③ 私は友達とレストランを開いた。
④ 私たちはカレーライス(curry and rice)を作った。
⑤ 私はその日をとても楽しんだ。

□① My ＿＿＿＿＿＿＿＿＿＿＿＿＿＿＿＿＿＿＿＿
our school festival.

□② It ＿＿＿＿＿＿＿＿＿＿＿＿＿＿＿＿＿＿＿＿ .

□③ I ＿＿＿＿＿＿＿＿＿＿＿＿＿＿ with my friends.

□④ We ＿＿＿＿＿＿＿＿＿＿＿＿＿＿＿＿＿＿＿＿ .

□⑤ I ＿＿＿＿＿＿＿＿＿＿＿＿＿＿＿＿＿＿＿＿ .

Point

③「…を開く」→open
④「(料理を)作る」→make [cook]

解答 p.22

Let's Read 2

教科書 124▶126

City Lights

重要文　過去を表す文

一般動詞，be動詞，canの過去形を使った文（復習）

Charlie was a poor, lonely man.
（チャーリーは貧しく，ひとりぼっちの男性でした。）

He had no job, and walked around the city every day.
（彼は仕事がなく，毎日，市内を歩き回っていました。）

She was still selling flowers, but now she could see.
（彼女はまだ花を売っていましたが，今は見ることができました。）

「…でした」と，過去の状態について説明するときは，
be動詞（am，are，is）の過去形であるwas［were］を使う

Charlie was a poor, lonely man.
（was：isの過去形）

「…しました」と，すでに終わったことを表すときは，一般動詞の過去形を使う。

He had no job, and walked around the city every day.
（had：haveの過去形　walked：walkの過去形）

「…していました」と，過去のある時点での動作を表すときは，
過去進行形の〈was［were］＋...ing〉を使う。
また，「…できました」と言うときは，canの過去形couldを使う。

She was still selling flowers, but now she could see.
（was selling：was＋...ing　could：canの過去形　see：動詞のもとの形）

Check!
彼女はまだピアノを練習していましたが，今はじょうずに演奏することができました。
She (was) still (practicing) the piano, but now she (could) play it well.

New Words

① buyの過去形 (bought)　② thinkの過去形 (thought)
③ giveの過去形 (gave)　④ meetの過去形 (met)

1 日本語に合う英語になるように，______に正しい語を入れなさい。

□(1) ある日，彼は路上で女の子に会いました。

______ ______ , he saw a girl on the street.

□(2) その女の子はチャーリーのことが見えませんでした。

The girl ______ ______ see Charlie.

□(3) チャーリーは刑務所から出ました。

Charlie ______ ______ ______ jail.

□(4) チャーリーのおかげで，彼女は見ることができました。

She could see ______ ______ Charlie.

□(5) 彼は何も言わずに通り過ぎようとしました。

He tried to pass ______ any words.

Point

(1)「ある…」→ one ...
(2)「…できなかった」→ could not ＋動詞の原形
(3)「…から出る」→ get out of ...
(4)「…のおかげで」→ thanks to ...
(5)「…なしに」→ without

2 チャーリーは路上で目の不自由な女の子に会います。その後の物語を読んで，あとの問いに答えなさい。

Charlie got a job, and bought flowers from her every day. He became very important to her. One night, Charlie met a rich man, and told him about the girl. The man gave one thousand dollars to Charlie. Charlie gave the money to the girl and said, “Here. Get surgery for your eyes.”

□(1) 下線部を日本語にしなさい。

(　　　　　　　　　　　　　　　　　　　　)

□(2) なぜチャーリーは女の子にお金をあげたのですか。

(　　　　　　　　　　　　　　　　　　　　)

□(3) 本文の内容について，質問に英語で答えなさい。

What did Charlie do every day?

____

Point

(1) important →「大切な」
(2) チャーリーの発言内容に着目。
(3) 本文1文めに着目。

教科書内容の確認

次の英文が教科書124～126ページの本文の内容と合うものには○を，合わないものには×をつけなさい。

□(1) Charlie was rich, so he gave a lot of money to the girl.　(　　)

□(2) The rich man could not remember about Charlie.　(　　)

解答 p.23

定期テスト 予想問題 教科書 p.4～18

定期テスト前に予想問題で実力を確かめよう！

Unit 0・1

時間 15分 /100

1 これから⑴，⑵の２つの対話文を読みます。それを聞いて，どの絵について話しているか，それぞれアかイのどちらかを選んで，記号で答えなさい。（５点×２）

□⑴

□⑵

⑴	
⑵	

2 ＿＿に入る語を，右から選んで書きなさい。（５点×３）

watch	am
call	are

□⑴ I ＿＿＿＿ from Sydney.

□⑵ ＿＿＿＿ me Ken.

□⑶ I often ＿＿＿＿ sumo.

3 日本語に合う英語になるように，＿＿に正しい語を入れなさい。（７点×３　完全解答）

□⑴ 体育館が見えますか。

＿＿＿＿ you ＿＿＿＿ the gym?

□⑵ 野球はどうですか。

＿＿＿＿ ＿＿＿＿ baseball?

□⑶ 私は緑茶が好きです。 ―― 私も。

I like green tea. ―― ＿＿＿＿ , ＿＿＿＿ .

4 日本語に合う英語になるように，語を正しく並べかえなさい。なお，文のはじめにくる語も小文字で示してあります。 （9点×2）

□(1) 私はサッカーのファンではありません。

soccer / I'm / a / fan / not / .

□(2) 私たちはそこでテニスをできますか。

tennis / we / there / can / play / ?

5 対話文を読んで，あとの問いに答えなさい。 （9点×3）

朝美《あさみ》とメグは体育館でバドミントンをします。

Asami: You're a good player.
Meg: Thank you. *Arigato*.
Asami: Oh, you speak Japanese.
Meg: Yes, just a little. I study it every day, but I can't read kanji.

□(1) メグになったつもりで____に正しい語を入れなさい。 （完全解答）

I speak Japanese ____ ____ ____ .

(2) メグになったつもりで質問に英語で答えなさい。

□① Can you play badmintom?

____

□② Do you study Japanese every day?

____

6 自分の年齢を言うとき，どのように英語で表しますか。3語の英文を書きなさい。 （9点）

□

解答 p. 23

Unit 2

時間 15分　　/100

1 これから⑴，⑵の２つの対話文を読みます。それを聞いて，どの絵について話しているか，それぞれアかイのどちらかを選んで，記号で答えなさい。（５点×２）

□⑴

□⑵

⑴	
⑵	

2 ______に入る語を，右から選んで書きなさい。（５点×３）

by	in
to	around

□⑴ I live ______ here.

□⑵ Are you ______ Class 1C?

□⑶ We don't come to school ______ bike.

3 日本語に合う英語になるように，______に正しい語を入れなさい。（７点×３　完全解答）

□⑴ その本はおもしろいですか。 ―― はい，おもしろいです。

______ the book interesting? ―― Yes, ______ is.

□⑵ あれは何ですか。 ―― それはレストランです。

______ that? ―― ______ a restaurant.

□⑶ 彼女はだれですか。 ―― 彼女は人気のあるテニスの選手です。

______ she? ―― ______ a popular tennis player.

4 日本語に合う英語になるように，語句を正しく並べかえなさい。なお，文のはじめにくる語も小文字で示してあります。 （９点×２）

□(1) その市場は混んでいません。

not / the market / crowded / is / .

□(2) あなたはどのようにその野菜を料理しますか。

cook / do / the vegetable / you / how / ?

5 対話文を読んで，あとの問いに答えなさい。 （９点×３）

Kaito: What do you have for breakfast?

Ms. Cook: I usually have toast, fruit, and yogurt. ①How about you?

Kaito: I have rice and miso soup. I also have an egg and a sausage.

Ms. Cook: ②Sounds nice!

□(1) 下線部①は具体的にどのようなことをたずねていますか。日本語で書きなさい。

海《かい》斗《と》は（ ）こと。

□(2) 下線部②は，どのようなことに対して言った言葉ですか。

（ ）

□(3) 本文の内容について，クック先生になったつもりで質問に英語で答えなさい。

Do you usually have Japanese food for breakfast?

____

6 はじめて会う人にあいさつするとき，どのように英語で表しますか。４語の英文を書きなさい。 （９点）

□

解答 p.24

定期テスト 予想問題 教科書 p.29～36

定期テスト前に予想問題で実力を確かめよう！

Unit 3

時間 15分　　/100

1 これから(1)，(2)の２つの対話文を読みます。それを聞いて，どの絵について話しているか，それぞれアかイのどちらかを選んで，記号で答えなさい。（５点×２）

□(1)

□(2)

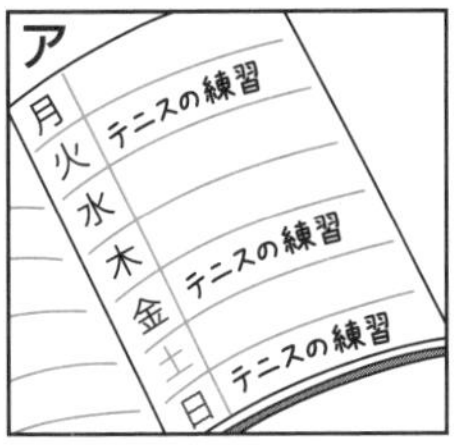

(1)	
(2)	

2 ＿＿に入る語を，右から選んで書きなさい。（５点×３）

on	in
to	at

□(1) Are you ＿＿＿＿ the brass band?

□(2) We have a concert ＿＿＿＿ Midori Hall.

□(3) Our next game is ＿＿＿＿ August 10.

3 日本語に合う英語になるように，＿＿に正しい語を入れなさい。（７点×３　完全解答）

□(1) あなたはいつ図書館に来ますか。 —— 毎週日曜日に来ます。

＿＿＿＿ do you come to the library? —— ＿＿＿＿ Sundays.

□(2) 私は看護師になりたいです。

I ＿＿＿＿ ＿＿＿＿ ＿＿＿＿ a nurse.

□(3) 駅はどこにありますか。 —— 魚市場《うおいちば》の近くにあります。

＿＿＿＿ is the station? —— It's ＿＿＿＿ the fish market.

4 日本語に合う英語になるように，語句を正しく並べかえなさい。なお，文のはじめにくる語も小文字で示してあります。 （9点×2）

□(1) あなたは試合の前にどこで練習しますか。

do / practice / you / the game / where / before / ?

□(2) あなたは何枚のタオルを練習に持ってきますか。

do / bring / many / practice / you / towels / to / how / ?

5 対話文を読んで，あとの問いに答えなさい。 （9点×3）

Meg: When do you practice?
Asami: We practice five days a week. We're off on Tuesdays and Sundays.
Meg: I see. Who are those men?
Asami: ①They're our coaches. They come on Fridays.
Meg: ②That's nice.

□(1) 下線部①は何を指していますか。本文中の２語で答えなさい。 （完全解答）

□(2) 下線部②は，どのようなことに対して言った言葉ですか。

（　　　　　　　　　　　　　　　　　　　　）

□(3) 本文の内容について，朝美《あさみ》になったつもりで質問に英語で答えなさい。

When are you off?

6 自分の住みたい都市や町を言うとき，どのように英語で表しますか。6語以上の英文を書きなさい。 （9点）

□

解答 p. 24

定期テスト 予想問題 教科書 p.37～46

定期テスト前に予想問題で実力を確かめよう！

時間 15分 　　/100

Unit 4

1 これから(1), (2)の２つの対話文を読みます。それを聞いて，どの絵について話しているか，それぞれアかイのどちらかを選んで，記号で答えなさい。（５点×２）

□(1)

□(2)

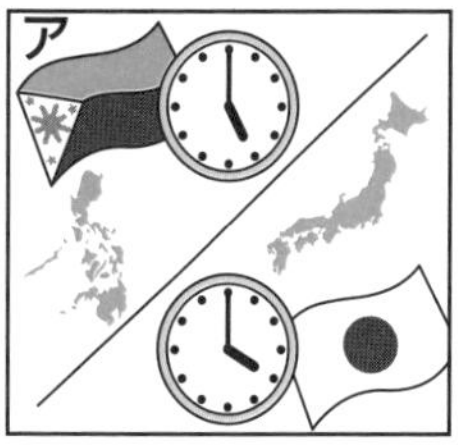

(1)	
(2)	

2 それぞれの対話が成り立つように，______に正しい語を書きなさい。（５点×３ 完全解答）

□(1) ______ the weather in Sapporo? ── ______ cold today.

□(2) ______ ______ do you get up? ── ______ six.

□(3) ______ ______ do you like? ── I like orange and green.

3 日本語に合う英語になるように，______に正しい語を入れなさい。（７点×３ 完全解答）

□(1) まっすぐに行って，その曲がり角を左に曲がってください。

______ straight, and ______ left at the corner.

□(2) キーウィは鳥でもありますよね。

Kiwis are also birds, ______ ?

□(3) ここで話したり走ったりしてはいけません。

______ speak ______ run here.

4 日本語に合う英語になるように，語句を正しく並べかえなさい。なお，文のはじめにくる語も小文字で示してあります。 （9点×2）

□(1) 大阪はとても暑いです。

hot / Osaka / it's / in / so / .

□(2) 1時間目のあとに体育館に行きなさい。

period / the gym / first / after / go to / .

5 対話文を読んで，あとの問いに答えなさい。 （9点×3）

Kaito: ①What sport do you like?
Emma: I like netball. I'm on the netball team.
Kaito: Netball?
Emma: ②It's a sport like basketball.
Kaito: Really? I play soccer.
Emma: You mean football?
Kaito: Yes.

□(1) 下線部①を日本語にしなさい。

（ ）

□(2) 下線部②は何を指していますか。本文中の1語で答えなさい。

□(3) 本文の内容について，エマになったつもりで質問に英語で答えなさい。

Do you call soccer "football"?

____

6 相手が作れる日本料理をたずねるとき，どのように英語で表しますか。6語以上の英文を書きなさい。 （9点）

□

解答 p. 25

定期テスト前に予想問題で実力を確かめよう！

Unit 5

時間 15分　　/100

1 これから⑴，⑵の２つの対話文を読みます。それを聞いて，どの絵について話しているか，それぞれアかイのどちらかを選んで，記号で答えなさい。（５点×２）

□⑴

□⑵

⑴	
⑵	

2 ＿＿に入る語を，右から選んで書きなさい。（５点×３）

on	in
at	of

□⑴ Please look ＿＿＿＿ this map.

□⑵ Oh, come ＿＿＿＿ , Shota. You can do it!

□⑶ Can you see the girl ＿＿＿＿ the red T-shirt?

3 日本語に合う英語になるように，＿＿に正しい語を入れなさい。（７点×３　完全解答）

□⑴ 私の机は窓のそばにあって，その上に何冊かの本があります。

My desk is ＿＿＿＿ the window, and some books are ＿＿＿＿ it.

□⑵ あなたは水泳が得意ですか。

＿＿＿＿ you good ＿＿＿＿ ＿＿＿＿ ?

□⑶ １月にはレストランがあそこにありました。

In January, the restaurant ＿＿＿＿ ＿＿＿＿ ＿＿＿＿ .

4 日本語に合う英語になるように，語句を正しく並べかえなさい。なお，文のはじめにくる語も小文字で示してあります。 （９点×２）

□(1) あなたは買い物に行くことが好きですか。

going shopping / you / like / do / ?

□(2) 私はお母さんと料理して楽しみました。

cooking / my mother / I / with / enjoyed / .

5 メグのスピーチ文を読んで，あとの問いに答えなさい。 （９点×３）

Yesterday, I went to the summer festival with Asami, Josh, and Kaito.
We enjoyed dancing there.
I ate a big candy apple.
It was delicious.
At the end of the festival, we saw lots of wonderful fireworks.
We had a great time.

□(1) メグが夏祭りでしたことを２つ，日本語で書きなさい。

(　　　　　　　　　　　　　　　　　　　　　　　　)

(　　　　　　　　　　　　　　　　　　　　　　　　)

□(2) 本文の内容について，メグになったつもりで質問に英語で答えなさい。

How was a candy apple?

6 今朝，自分が朝食に何を食べたのか言うとき，どのように英語で表しますか。７語以上の英文を書きなさい。 （９点）

□

解答 p. 25

Unit 6

時間 15分　　/100

1 これからサリー (Sally) についての対話を読みます。それを聞いて，対話の内容に合うように，下の日本文の(　　)の中から適切なものを選んで，記号で答えなさい。　(５点×3)

□(1)　サリーは(ア　テニス　　イ　バスケットボール　　ウ　バレーボール)が上手である。

□(2)　サリーは(ア　ピアノ　　イ　ギター　　ウ　バイオリン)をひく。

□(3)　サリーは(ア　毎日　　イ　よく　　ウ　ときどき)朝食にご飯とみそ汁を食べる。

(1)		(2)		(3)	

2 (　　)内の語を正しい形にかえなさい。かえる必要がなければそのまま書きなさい。
(５点×３)

□(1)　Eri sometimes (use) this computer.

□(2)　This park (have) many beautiful trees.

□(3)　Does she often (study) at the library?

(1)		(2)		(3)	

3 日本語に合う英語になるように，_____に正しい語を入れなさい。　(７点×３　完全解答)

□(1)　彼は日本の料理がとても好きです。
He likes Japanese food ______ ______ .

□(2)　トムは多くの漢字を知っていますか。
Does Tom know ______ ______ ______ kanji?

□(3)　((2)の質問に答えて)はい，知っています。
── Yes, ______ ______ .

(1)			(2)			
(3)						

4 日本語に合う英語になるように，語を正しく並べかえなさい。なお，文のはじめにくる語も小文字で示してあります。（8点×2）

□(1) エリは週末，料理をして楽しみます。

weekends / enjoys / on / Eri / cooking / .

□(2) 彼は自分のブログに写真は載せません。

his / post / on / does / pictures / not / blog / he / .

(1)	
(2)	

5 対話文を読んで，あとの問いに答えなさい。（8点×3）

朝美《あさみ》が兄の卓也《たくや》についてスピーチしたあとに，海斗《かいと》が質問します。

Asami: Does anyone have any questions?
Kaito: Yes. Does he like Filipino food?
Asami: Yes, he does. He likes *sinigang*. It's a sour soup.
Kaito: Really? What does he like for dessert?
Asami: *Halo-halo*. It's like a parfait. It's a mix of ice cream, fruit, sweet beans, shaved ice, and so on.
Kaito: Does *halo-halo* mean "parfait" in Filipino?
Asami: No, it doesn't. It means "mix."

□(1) 下線部を日本語にしなさい。

□(2) 本文の内容と合うものを２つ選び，記号で答えなさい。

ア Takuya doesn't like sour food.
イ *Sinigang* is a sweet parfait.
ウ Takuya likes eating *halo-halo* for dessert.
エ *Halo-halo* means "mix" in Filipino.

(1)		
(2)		

6 自分のお母さんまたはお父さんが，どんなことをして楽しんでいるのかを言うとき，どのように英語で表しますか。４語以上の英文を書きなさい。（9点）

□

解答 p. 26

定期テスト 予想問題 教科書 p.67～76

定期テスト前に予想問題で実力を確かめよう！

Unit 7

時間 15分

/100

1 これから対話文を読みます。それを聞いて，(1)から(3)のものの持ち主を，ア，イ，ウ，エの中から選んで，記号で答えなさい。 (5点×3)

□(1)

□(2)

□(3)

ア Tom's.

イ Tom's brother's.

ウ Tom's sister's.

エ Tom's father's.

(1)		(2)		(3)	

2 (　　)内の語を正しい形にかえて書きなさい。 (5点×3)

□(1) That is my brother. Do you know (he)?

□(2) Please tell (we) about you.

□(3) Those books are useful. I often read (they).

(1)		(2)		(3)	

3 日本語に合う英語になるように，_____に正しい語を入れなさい。 (7点×3 完全解答)

□(1) この神社には300年以上の歴史があります。

This shrine has a ______ of ______ 300 years.

□(2) あなたはペンと鉛筆のどちらが必要ですか。

______ do you need, pens ______ pencils?

□(3) いっしょに英語の勉強をしませんか。

______ ______ ______ study English together?

(1)			(2)			(3)			

4 日本語に合う英語になるように，語を正しく並べかえなさい。なお，文のはじめにくる語も小文字で示してあります。　（8点×2）

□(1)　それはだれのタオルですか。
towel / that / is / whose / ?

□(2)　彼女はケーキとチョコレートのどちらを買いたいですか。
cake / does / to / or / she / which / buy / chocolate / want / , / ?

(1)	
(2)	

5 対話文を読んで，あとの問いに答えなさい。　（8点×3）

Meg:　The doors open in five minutes. I can't wait! Oh, ...
①Whose ticket is this? Is it yours, Josh?
Josh:　No. I have ②mine. Maybe it's Kaito's. Hey, Kaito. Is this yours?
Kaito:　Oops! Yes, it's mine.
Meg:　Here you are. ③Be careful with that.
Kaito:　Thanks.

□(1)　下線部①を日本語にしなさい。

□(2)　下線部②は何を指していますか。2語の英語で答えなさい。　（完全解答）

□(3)　下線部③をthatが何を指しているか具体的に示して，日本語にしなさい。

(1)		
(2)		
(3)		

6 相手にイヌとネコのどちらが好きかをたずねるとき，どのように英語で表しますか。7語の英文を書きなさい。　（9点）

□

解答 p. 26

Unit 8

時間 15分　　　/100

1 これから(1)～(3)までの３つの対話文を読みます。それを聞いて，それぞれの対話の内容に合っている絵をア，イ，ウ，エ，オの中から選んで，記号で答えなさい。　(5点×3)

□(1)		□(2)		□(3)	

2 (　　)内の語を正しい形にかえて書きなさい。　(５点×３)

□(1) I am (read) a book now.

□(2) Eri is (make) a cake, right?

□(3) Some people are (run) in the park.

(1)		(2)		(3)	

3 日本語に合う英語になるように，_____に正しい語を入れなさい。　(７点×３　完全解答)

□(1) またね。

_______ _______.

□(2) なんておもしろいんだろう！

_______ interesting!

□(3) 私は自分の誕生日パーティーを楽しみにしています。

I'm _______ _______ _______ my birthday party.

(1)			(2)		(3)			

4 日本語に合う英語になるように，語句を正しく並べかえなさい。なお，文のはじめにくる語も小文字で示してあります。（8点×2）

□(1) なんてすばらしい演技者だろう！
a / performer / wonderful / what / !

□(2) あなたの市で何が起こっているのですか。
your city / is / in / what / happening / ?

(1)	
(2)	

5 対話文を読んで，あとの問いに答えなさい。（8点×3）

All: Surprise! Happy Birthday, Meg!
Meg: Oh, my goodness! Thank you.
Kaito: And don't forget. The birthday girl gets a present!
Meg: Wow! How nice! ①Can I open it?
Kaito: Of course.
Meg: Oh! ②What a cute bag! I love it. Thank you so much!
Kaito: You're welcome.

□(1) 下線部①の意味を，itが何を指しているか具体的に示して日本語で書きなさい。

□(2) 下線部②を日本語にしなさい。

□(3) 本文の内容について，質問に英語で答えなさい。
How does Meg like the present?

(1)	
(2)	
(3)	

6 相手が今していることをたずねるとき，どのように英語で表しますか。4語以上の英文を書きなさい。（9点）

□

解答 p. 27

定期テスト前に予想問題で実力を確かめよう！

Unit 9

時間 15分　　／100

1 これから(1)，(2)の２つの対話文を読みます。それを聞いて，下の英語の質問に対する答えとして適切な絵を，それぞれアかイのどちらかを選んで，記号で答えなさい。　（５点×２）

□(1) What does Yuka need to do this afternoon?

□(2) What does Keita want to do next summer?

(1)		(2)	

2 ____ に入る語を，右から選んで書きなさい。　（５点×３）

□(1) Ms. Ito works ______ a teacher in the U.K.

□(2) Please listen ______ the speech.

□(3) He helped many children ______ need.

on	in
as	to

(1)		(2)		(3)	

3 日本語に合う英語になるように，____に正しい語を入れなさい。　（７点×３　完全解答）

□(1) 彼女はどうやって駅に行きたいのですか。

______ ______ she want to get ______ the station?

□(2) 私はその本を買おうとしました。

I ______ ______ buy the book.

□(3) その選手はとてもかっこよく見えます。

The player ______ very ______ .

(1)				(2)			(3)		

4 日本語に合う英語になるように，語句を正しく並べかえなさい。なお，文のはじめにくる語も小文字で示してあります。　　　　　　　　　　　　　　　　　　（9点×2）

□(1)　生徒たちは列に並んで待つ必要がありますか。

wait / line / need / do / in / to / the students / ?

□(2)　私たちは練習におくれたくありません。

don't / the practice / late / want / be / for / we / to / .

(1)	
(2)	

5 文章を読んで，あとの問いに答えなさい。　　　　　　　　　　　　　（9点×3）

メグと海《かい》斗《と》は，発表を見ています。

Look at the children in this picture. They're getting clean water from a well. They look happy.

On the other hand, in some villages, children go to the river and collect water. They walk for a long time every day. They want to go to school, but they don't have time.

Our volunteer group builds wells in places like this.

□(1)　下線部を日本語にしなさい。

□(2)　子供たちが学校へ行く時間がないのはなぜですか。理由を示した文を完成しなさい。

川で(　　　　　　　　　　)ために，毎日(　　　　　　　　　　)から。　　　　（完全解答）

□(3)　本文の内容について，質問に英語で答えなさい。

What does the volunteer group try to do?

(1)		
(2)		
(3)		

6 自分は最善を尽くしたいと言うとき，どのように英語で表しますか。6語の英文を書きなさい。

（9点）

□

解答 p. 28

定期テスト前に予想問題で実力を確かめよう！

Let's Read 1

時間 15分　　　／100

1 (　　)に入る正しい語句を選んで書きなさい。　（4点×4）

□(1) Tim wants (buying, to buy) some notebooks.

□(2) (Do, Are) the students need to be here?

□(3) I'm (read, reading) a book now.

□(4) The restaurant (look, looks) crowded.

(1)	
(2)	
(3)	
(4)	

2 日本語に合う英語になるように，______に正しい語を入れなさい。　（5点×4　完全解答）

□(1) あのね！

______ ______ !

□(2) 彼女は興味を持っているように見えました。

She ______ ______ .

□(3) 私は昨日，その情報を得ようとしました。

We ______ ______ get the ______ yesterday.

□(4) また，小さな子供たちはすぐに疲れます。

______, the small children get tired ______ .

(1)				(2)		
(3)				(4)		

3 次の文を(　　)内の指示に従って書きかえるとき，______ に入る最も適切な語を書きなさい。

（6点×2　完全解答）

□(1) Sally wants to have lunch at this restaurant. (下線部が答えの中心となる疑問文に)

→______ ______ Sally ______ to have lunch?

□(2) I usually walk to school.　(ほぼ同じ意味の文に)

→I usually go to school ______ ______ .

(1)				(2)		

4 日本語に合う英語になるように，語句を正しく並べかえなさい。なお，文のはじめにくる語も小文字で示してあります。 （８点×２）

□(1) あなたのお母さんは今日，疲れているように見えますか。
today / look / your mother / tired / does / ?

□(2) 私は私のおばあさんの家に滞在したいです。
house / to / my grandmother's / at / I / stay / want / .

(1)	
(2)	

5 戸《と》田《だ》先生からボブ(Bob)へのメッセージを読んで，あとの問いに答えなさい。 （９点×３）

Hi, Bob. Yes, I want to climb Mt. Fuji, too. Here are the details of the four trails on Mt. Fuji. Climbers usually go to the fifth stations by bus, then go up on foot. Which trail do you want to take?

□(1) 下線部を日本語にしなさい。

□(2) 富士山に登る人々は，ふつうどのように山頂を目指しますか。

□(3) 本文の内容について，質問に英語で答えなさい。
How many trails does Mt. Fuji have?

(1)	
(2)	
(3)	

6 相手が将来何になりたいかたずねるとき，どのように英語で表しますか。６語以上の英文を書きなさい。 （９点）

□

解答 p. 28

定期テスト　予想問題　教科書 p.101～108

定期テスト前に予想問題で実力を確かめよう！

Unit 10

時間 15分　　/100

1 これから博(Hiroshi)とホワイトさん(Ms. White)の対話を読みます。それを聞いて，下のホワイトさんについての質問に対する答えを，それぞれ1つずつ選んで，記号で答えなさい。

（5点×3）

□(1)　ホワイトさんはだれと軽井沢へ行きましたか。

ア　アメリカ人の友達　　イ　日本人の友達　　ウ　家族

□(2)　ホワイトさんはどれくらいスケートができますか。

ア　少しできる　　イ　上手にできない　　ウ　とても上手にできる

□(3)　ホワイトさんは正月に何をしましたか。

ア　そばを食べた　　イ　神社へ行った　　ウ　スキーをした

(1)		(2)		(3)	

2 (　　)内の語を正しい形にかえて書きなさい。　（5点×3）

□(1)　I (want) to go shopping, but I had no time.

□(2)　Sally (try) to cook *udon* last night.

□(3)　Some students (come) to school by bus yesterday.

(1)		(2)		(3)	

3 日本語に合う英語になるように，_____に正しい語を入れなさい。　（7点×3　完全解答）

□(1)　彼らはたがいに助け合いました。

They helped ______ ______ .

□(2)　今朝，駅は人々でいっぱいでした。

The station ______ ______ ______ people this morning.

□(3)　多くの人々が新年に向かって秒読みしました。

Many people ______ ______ to the New Year.

(1)			(2)				(3)		

4 日本語に合う英語になるように，語句を正しく並べかえなさい。なお，文のはじめにくる語も小文字で示してあります。 （8点×2）

□(1) 私は昨日，家で数学を勉強しませんでした。
math / home / study / I / at / didn't / .

□(2) あなたたちはどのように夜を過ごしましたか。
you / how / the night / spend / did / ?

(1)	
(2)	

5 対話文を読んで，あとの問いに答えなさい。 （8点×3）

Asami: What did you do on New Year's Day?
Meg: I got up early and went to a shrine with my family.
Asami: That's nice. Did you eat any traditional New Year's food?
Meg: Yes, we did. We ate *osechi*.
Asami: Did you and your parents make it?
Meg: No, we didn't. Kaito's mother made some and brought it to us.

□(1) 下線部の意味を，someが何を指しているか具体的に示して日本語で書きなさい。

(2) 本文の内容について，質問に英語で答えなさい。
□① Did Meg and her family have any traditional New Year's food?
□② Where did Meg go on New Year's Day?

(1)		
(2)	①	
	②	

6 相手が今朝，何時に起きたのかたずねるとき，どのように英語で表しますか。8語の英文を書きなさい。 （9点）

□

解答 p. 29

定期テスト 予想問題 教科書 p.109～123

定期テスト前に予想問題で実力を確かめよう！

Unit 11

時間 15分

/100

1 これから(1)，(2)の２つの対話文を読みます。それを聞いて，どの絵について話しているか，それぞれアかイのどちらかを選んで，記号で答えなさい。（５点×２）

□(1)

□(2)

(1)	
(2)	

2 (　　)内の語を正しい形にかえて書きなさい。（５点×３）

□(1) Were you tired yesterday? ── Yes, I (be).

□(2) There (be) some students in the computer room now.

□(3) Tim was (enjoy) his stay in Tokyo then.

(1)		(2)		(3)	

3 日本語に合う英語になるように，_____に正しい語を入れなさい。（７点×３　完全解答）

□(1) 私たちは今，テントを建てています。

We are ______ ______ tents now.

□(2) よくやった。

______ ______ .

□(3) この近くに書店はありますか。── いいえ，ありません。

Is there a bookstore around here? ── No, ______ ______ .

(1)			(2)			(3)		

4 日本語に合う英語になるように，語句を正しく並べかえなさい。なお，文のはじめにくる語も小文字で示してあります。 （９点×２）

□(1) この前の日曜日は，１つも野球の試合がありませんでした。
baseball games / Sunday / were / last / no / there / .

□(2) ケンは何について話していたのですか。
was / about / what / talking / Ken / ?

(1)	
(2)	

5 対話文を読んで，あとの問いに答えなさい。 （９点×３）

Meg: Hey, Kaito. I didn't see you during lunch break. What were you doing?
Kaito: I was playing soccer outside. Were you looking for me?
Meg: Yes. I wanted to show this to you. I made a photo album for this year.
Kaito: Wow. These pictures bring back a lot of memories.

□(1) 下線部の意味を，this が何を指しているか具体的に示して日本語で書きなさい。
(2) 本文の内容について，質問に英語で答えなさい。
□① When was Meg looking for Kaito?
□② Was Kaito playing soccer in the gym?

(1)		
(2)	①	
	②	

6 今朝，相手のいた場所をたずねるとき，どのように英語で表しますか。５語の英文を書きなさい。 （９点）

□

解答 p.29

Let's Read 2

時間 15分 　　／100

1 （　　）に入る正しい語を選んで書きなさい。　（４点×４）

□(1) Ken and I (was, were) tired last night.

□(2) Eri visited a museum, and (buys, bought) an interesting book.

□(3) (Were, Are) you taking a bath then?

□(4) Mike (can, could) see Ms. Green yesterday.

(1)	
(2)	
(3)	
(4)	

2 日本語に合う英語になるように，＿＿に正しい語を入れなさい。　（５点×４　完全解答）

□(1) ある夜，チャーリーはお金持ちの男性に会いました。
＿＿ ＿＿, Charlie met a rich man.

□(2) その男の人は女の子を助けると，歩いて行ってしまいました。
The man helped the girl, and he ＿＿ ＿＿ .

□(3) チャーリーはその女の子にとってとても大切な人になりました。
Charlie ＿＿ very ＿＿ ＿＿ the girl.

□(4) あなたはそのとき，勉強していましたか。── いいえ，していませんでした。
Were you ＿＿then? ── No, I ＿＿ .

(1)				(2)		
(3)				(4)		

3 次の文を（　　）内の指示に従って書きかえるとき，＿＿ に入る最も適切な語を書きなさい。
（６点×２　完全解答）

□(1) Yuka was <u>cooking</u> at 6 p.m. yesterday. （下線部が答えの中心となる疑問文に）
→＿＿ ＿＿ Yuka ＿＿ at 6 p.m. yesterday?

□(2) Tim gave the bag to Sally. （疑問文に）
→＿＿ Tim＿＿ the bag to Sally?

(1)				(2)		

4 日本語に合う英語になるように，語句を正しく並べかえなさい。なお，文のはじめにくる語も小文字で示してあります。 （8点×2）

□(1) その男の人は何も言いませんでした。

anything / did / say / the man / not / .

□(2) その女の子はチャーリーの顔が見えませんでした。

not / see / could / Charlie's face / the girl / .

(1)	
(2)	

5 チャーリーは目の不自由な女の子にお金をあげますが，そのお金は盗んだものだと疑われて刑務所へ入れられます。その後の物語を読んで，あとの問いに答えなさい。 （9点×3）

Several months later, Charlie got out of jail. He saw the girl on the street again. She was still selling flowers, but now she could see thanks to Charlie. He tried to pass the girl without any words. She did not know his face, but he looked very poor and tired. So she gave a flower and some money to him. She touched his hand and remembered. "Was it you?" she asked. Charlie smiled and nodded.

□(1) 下線部を日本語にしなさい。

□(2) 女の子が，お金をくれた人はチャーリーだとわかったのはなぜですか。

□(3) 本文の内容について，質問に英語で答えなさい。

Did Charlie talk with the girl?

(1)	
(2)	
(3)	

6 自分が昨日できなかったことを言うとき，どのように英語で表しますか。5語以上の英文を書きなさい。 （9点）

□

解答 p. 30

解答と解説

英語１年
ワーク&テスト

Unit 0

Part ①

基本ワーク

p.4 ～ 5

❶ (1) ウ　(2) ア　(3) イ

❷ (1) Nice to meet you, too.

(2) I like orange.

(3) Nice!

❸ (1) ウ　(2) イ　(3) ア

解説

❷ (1) Nice to meet you.(はじめまして)と言われたら，「こちらこそ」という意味のtooをつけて返す。

Part ②

基本ワーク

p.6 ～ 7

❷ (1) o　(2) sh　(3) a / i

❸ (1) e　e / g　g

(2) l　l / n　n

❹ (1) a　(2) e　(3) i

❺ Hi. I'm Rika. What's your name?

解説

❺ 文の最後には必ずピリオド(.)やクエスチョンマーク(?)をつける。単語と単語の間は小文字１文字分くらい，文と文の間は小文字２文字分くらいあけて書く。

Unit 1

Part ①

基本ワーク

p.8 ～ 9

❶ (1) am　(2) I am　(3) I'm

❷ (1) Call me　(2) I'm　(3) love

❸ I often drink green tea.

教科書内容の確認

(1) オーストラリア　(2) すし

解説

❶ (3) I'mのアポストロフィ（'）はいちばん上の位置(英語の４線で２階の上方)に書く。

❷ (1) 「私を(に)」はmeと言う。I(私は)と間違わないようにする。

教科書内容の確認

(1) I'm from Australia.の文に着目。I'm from ...は「私は～出身です」という意味。

(2) I love sushi. の文に着目。loveは「…が大好きである」という意味。

Part ②

基本ワーク

p.10 ～ 11

❶ (1) Yes / am　(2) No / do not

❷ (1) Are you　(2) Do you

(3) How about

❸ I do not watch basketball.

教科書内容の確認

(1) メグがシドニーの出身だから。

(2) クリケット

解説

❷ (1) 「あなたは～ですか」はAre you ...?の文。

(2) 「あなたは～しますか」はDo you ...?の文。

教科書内容の確認

(1)　So, are you a rugby fan?の文に着目。Soは「だから，それで」という意味。オーストラリアでは，ラグビーやクリケットがたいへん人気である。

(2)　海斗はメグにクリケットをするかたずねているが，メグはNo(いいえ)と答えている。

Part ③

基本ワーク　p.12 ～ 13

❶ (1)　No / cannot [can't]
(2)　Yes / can

❷ (1)　Can you　(2)　can / there
(3)　Thank you

❸ Ken cannot speak Japanese.

教科書内容の確認

(1)　バドミントン　(2)　日本語の勉強

解説

❷ (2)　「そこで」はthere。

Unit 0・1　総合問題　p.14 ～ 15

1 (1)　city　(2)　sing　(3)　mother
(4)　window

2 (1)　Call me　(2)　How about
(3)　a little　(4)　every day

3 (1)　am　(2)　am　(3)　don't

4 (1)　I do not [don't] drink green tea.
(2)　I can cook curry and rice.
(3)　Can you play the guitar?

5 (1)　バドミントンをすること。
(2)　あなたは体育館が見えますか。
(3)　Yes, I [we] can.

解説

2 (3)　「少し」はa littleで表す。

3 (3)　don'tはdo notの短縮形。

4 (1)　一般動詞の否定文はdo not [don't]を使う。

Unit 2

Part ①

基本ワーク　p.16 ～ 17

❶ (1)　it isn't [it's not]　(2)　she is

❷ (1)　Is he　(2)　She isn't [She's not]
(3)　Nice to meet

❸ The restaurant is very crowded.

教科書内容の確認

(1)　アメリカ　(2)　魚市場

解説

❶ (1)　前に話題になった「もの」はitで表すので，itを使って答える。

❸ 〈主語(the restaurant)＋動詞(is)…〉の順に書く。

教科書内容の確認

(1)　fromは「…出身の」。
(2)　fish marketは「魚《うお》市《いち》場《ば》」。

Part ②

基本ワーク　p.18 ～ 19

❶ (1)　It is　(2)　This [She] is

❷ (1)　What's that　(2)　I see
(3)　That's interesting

❸ It's our town map.

教科書内容の確認

(1)　おもしろい[興味深い]と思った。
(2)　フィリピン出身のジョシュ。

解説

❶ (1)　前に話題になった「もの」はitで表すので，itを使って答える。

❷ (3)　thatは，すでに述べた事柄を指すときにも使う。

❸ it's [it is]....で「それは…です」という意味になる。

Part ③

基本ワーク p.20～21

❶ (1) by bike (2) have rice

❷ (1) How do (2) How about you

(3) Sounds

❸ What do you usually drink?

教科書内容の確認

(1) 学校の近く。

(2) ご飯，みそ汁，卵とソーセージ。

解説

❶ (2) have(食べる)を使って答える。

❷ (2) 「あなたはどうですか」はHow about you?と表す。

❸ 「あなたは何を…しますか」はWhat do you ...?と言う。

教科書内容の確認

(1) Do you live around here? (この近くに住んでいるのですか)という朝美の問いに対して，Yes, I do.と答えている。here(ここ)は学校のことをさす。

(2) I have ....(私は…を食べます)の文に着目。

Unit 2 総合問題 p.22～23

1 (1) Nice / meet / too

(2) Good morning (3) Sounds

2 (1) is (2) it (3) What

3 (1) That is not a fish market.

(2) Who is this?

(3) What do you drink for breakfast?

4 (1) She's not my classmate.

(2) Is he a popular player?

(3) How do you read the kanji?

5 (1) あなたはどのように学校に来ますか。

(2) ① Yes, I do. ② No, I don't.

解説

1 (3) 「…そうですね」はSounds ....で表す。

2 (3) whatは「何」，whoは「だれ」。

3 (2) 「だれ」はwhoで表す。

(3) 「何」はwhatで表す。for breakfastは「朝食に」という意味。

5 (2) ① aroundは「…の近くに」という意味。

Grammar for Communication ①

p.24～25

❶ (1) is (2) Do

❷ (1) Are / am (2) not (3) don't

❸ (1) I'm not (2) Is / he is

(3) Do / live

❹ (1) Is that your school?

(2) We are not from Kumamoto.

(3) I often come to the market.

解説

❷ (2) He's not = He is not

(3) 一般動詞の否定文にはdon'tを使う。

❸ (1) I'm not = I am not

(3) Sally and Yukiが主語。

❹ (1) be動詞の疑問文は，be動詞を主語の前に置く。

(2) be動詞の否定文は，be動詞のあとにnotを置く。

(3) often(よく)は一般動詞の前に置く。

Unit 3

Part ①

基本ワーク　p.26 ～ 27

❶ (1) is in　(2) on June

❷ (1) When is　(2) Where is

(3) It's near

❸ Where do you study?

教科書内容の確認

(1) Yes / do　(2) At

解説

❶ (1)「(…の)中に[で]」はinを使う。「…に[で]」と場所を表す語は，ほかにonやatがある。

(2)「…日に」や「…曜日に」と言うときはonを使う。

❷ (3)「…の近くに」はnearを使う。

教科書内容の確認

(1)「あなたはトランペットを演奏しますか」という質問。

(2)「次のコンサートはどこで開かれますか」という質問。場所を表すatを使う。

Part ②

基本ワーク　p.28 ～ 29

❶ (1) want / drink　(2) to have

(3) want to speak

❷ (1) want / be　(2) How are

❸ I want to go to Australia.

教科書内容の確認

(1) サッカーの練習試合があるから。

(2) ワールドカップでプレーすること。

解説

❶ (2) haveには「…を持っている，…がある，…を開く」などのほかに「…を飼っている」の意味がある。

教科書内容の確認

(1) We have a practice game today.の文に着目。haveは「…を開く，開催する」という意味。

Part ③

基本ワーク　p.30 ～ 31

❶ (1) have two　(2) want three

❷ (1) a week　(2) They're / coaches

(3) on Fridays

❸ How many towels do you have?

教科書内容の確認

(1) Yes / do　(2) On Fridays

解説

❷ (1) five days a weekで「週に5日」という意味になる。

(3) on Fridaysと複数形にすると「毎週金曜日に」という意味になる。

教科書内容の確認

(1) 朝美は3つめの発言で「火曜日と日曜日は休み(off)」と言っている。

Unit 3　総合問題　p.32 ～ 33

1 (1) They're in　(2) How are you

(3) those women

2 (1) Where　(2) to　(3) be

3 (1) Where do you practice?

(2) When is the next practice?

(3) How many teachers do you have at your school?

4 (1) Where do you play the piano?

(2) What do you want to be?

(3) How many dogs can you see?

5 (1) よいサッカー選手になること。

(2) ワールドカップでプレーすること。

(3) I practice soccer very hard. [Soccer.]

解説

1 (3) 複数形にするとwoman → women, man → menと形が変わることに注意。発音も確認しておこう。

2 (3)「…になりたい」と言うときにはwant to

be ...を使う。want toのあとにはam, are, isは用いないことに注意する。

Grammar for Communication ②

p.34 ～ 35

❶ (1) glass (2) buses (3) cats

❷ (1) × (2) ○ (3) ○ (4) ×
(5) ○ (6) ×

❸ (1) books (2) boxes (3) men
(4) cities

❹ (1) some water (2) two cups of
(3) many fish

❺ (1) We have a coach in our team.
(2) I have three bottles of water.
(3) Those books are interesting.

解説

❶ (3) 数えられる名詞は，a[an], the, myなどをつけるか複数形にして使う。好きな動物を言うときは，likeのあとに動物名の複数形を置く。

❷ (1) jam(ジャム)は一定の形を持たないので数えられない。

❹ (2) 数えられない名詞は，カップ[グラス]1杯《ぱい》の(a cup [glass] of)，カップ[グラス]2杯の(two cups [glasses] of)などをつけて量を表すことができる。

❺ (1) two coaches → a coachと，esを取って単数形にする。
(2) waterは数えられない名詞なのでsをつけない。three bottles of waterとする。
(3) 主語を複数にしたら，動詞の形にも注意する。

Unit 4

Part ①

基本ワーク

p.36 ～ 37

❶ (1) Don't use (2) Don't / drink
(3) Don't be

❷ (1) turn (2) Enjoy yourself

❸ Speak English in the classroom, please.

教科書内容の確認

(1) Yes / am (2) It's hot

解説

❶ (1)～(3) 〈Don't + 動詞のもとの形(原形)〉の文にする。beはbe動詞(am, are, is)の原形。

❷ (2) 動詞のもとの形(原形)で始める。

教科書内容の確認

(1) 「あなたは緊張していますか」という質問。
(2) 「日本の天気はどうですか」という質問。「(天候)が…です」と言うときはIt's ....と言う。

Part ②

基本ワーク

p.38 ～ 39

❶ (1) It's eight (2) At / thirty

❷ (1) What time / now
(2) It's / o'clock

❸ What time do you come to school?

教科書内容の確認

(1) After second (2) fruit / snacks

解説

❶ (2) 「～時に…します」と答えるときはatを使う。It's ....とはしない。

教科書内容の確認

(1) 「あなたはいつモーニングティーをしますか」という質問。
(2) 「あなたはモーニングティーに何を食べますか」という質問。

Part ③

基本ワーク　p.40 ～ 41

❶ (1) What fruit(s)
(2) What subject(s)
❷ (1) like　(2) I'm on
❸ What color do you like?

教科書内容の確認
(1) No / aren't　(2) Yes / do

解説

❷ (2) 「…(スポーツなどのチーム)の一員で」は on the ... teamと言う。「…(クラブ)の一員で」はin the ... club。

教科書内容の確認
(1) 「キウイフルーツはあなたの国のシンボルですか」という質問。
(2) 「あなたはネットボールをしますか」という質問。

Unit 4　総合問題　p.42 ～ 43

1 (1) in　(2) At　(3) on
2 (1) Don't be　(2) What time / bed
(3) What food
3 (1) Don't practice in the music room.
(2) What time is it now?
(3) What sport(s) can Shota play?
4 (1) Come to the library during the break.
(2) What time is it in Tokyo?
(3) What subject do you study today?
5 (1) 私たちはニュージーランドでどんな動物を見ることができますか。
(2) ① They are [They're] brown.
② Kiwis are (our national symbol).

解説

1 (1) 日本の天気をたずねている。「…に」と場所を表す語にはin, on, atなどがあるが,「…(国)に」と言うときはinを使う。
(2) 「～時に…します」と答えるときはatを使う。
2 (1) Don't ＋ 動詞のもとの形(原形)の文にする。
(3) 「何の…」は〈what ＋ 名詞 ...?〉の形。
3 (2) 「何時」は what time を使う。「(時間・天候)が…です」は It's .... と言う。疑問文なのでbe動詞を主語の前に出す。
4 (1) 相手に指示をするときは動詞のもとの形(原形)で始める。
(3) 「何の…」は〈what ＋ 名詞 ...?〉の形。
5 (2) ① 「キーウィはどんな色ですか」という質問。
② 「あなたの国のシンボルは何ですか」という質問。

Grammar for Communication ③

p.44 ～ 45

❶ (1) What　(2) When　(3) How
(4) What subject
❷ (1) ウ　(2) イ　(3) エ　(4) ア
❸ (1) What's / It's　(2) What time / At
(3) Where / live in
❹ (1) What do you play in the concert?
(2) How is the weather in Fukuoka?
(3) What season do you like?

解説

❷ (1) 〈How do you ＋ 一般動詞 ...?〉(どのように…しますか)と交通手段を聞かれている。「…で」と答えるときは〈by ＋ 乗り物名〉を使う。
❸ (1) 答えるときはthat → itにする。
(2) 「何時に」はwhat timeを使う。「～時に…します」と答えるときはatを使う。
❹ (1) 「あなたは何を…しますか」は〈what ＋疑問文〉。「コンサートで」はin the concertと表す。
(2) howは「どんなようすで」とたずねるときにも使う。
(3) 「どんな…」は〈what ＋名詞 ...?〉の形。

Unit 5

Part ①

基本ワーク p.46 ～ 47

❶ (1) in (2) is under (3) are by
❷ (1) over there (2) Look at (3) in
❸ I jog with my dog around the pond.

教科書内容の確認

(1) ○ (2) ○

解説

❷ (2) 「見て」と指示するので動詞のもとの形(原形)で始める。

教科書内容の確認

(1) 英文は「ジョシュ，朝美，メグは公園にいます」という意味。
(2) 英文は「海斗は舞台の上にいます」という意味。

Part ②

基本ワーク p.48 ～ 49

❶ (1) cooking (2) like playing
(3) like watching
❷ (1) Come on (2) Let's dance
(3) thank you
❸ I'm not good at dancing.

教科書内容の確認

(1) × (2) ○

解説

❶ (1)～(3) ...ingという形の語を使う。

教科書内容の確認

(1) 英文は「ジョシュはおどりが得意ではありません」という意味。朝美におどりがじょうずだとほめられているので×。
(2) 英文は「ジョシュと朝美はお祭りで焼きそばを食べることができます」という意味。ジョシュは焼きそばを食べたいと言い，朝美も賛成している。

Part ③

基本ワーク p.50 ～ 51

❶ (1) saw (2) ate (3) enjoyed
❷ (1) was (2) lots of
(3) had a / time
❸ We enjoyed camping there.

教科書内容の確認

(1) 昨日 (2) 12月から２月までの間

解説

❶ (1)～(3)過去のことを言っているので動詞の形を変える。
❷ (1)(3) 過去のことを言っているので，それぞれis → was，have → hadに変える。

教科書内容の確認

(1) 昨日の夏祭りについて話している。

Unit 5 総合問題 p.52 ～ 53

1 (1) over there (2) lots of
(3) Thanks
2 (1) reading (2) was (3) went
3 (1) Do you like playing the piano?
(2) This park was very crowded yesterday.
(3) I ate fruit yesterday.
4 (1) Look at the woman by the window.
(2) The festival was from Friday to Sunday.
(3) We had a good time in the park.
5 (1) 自分はおどりが得意ではないから。
(2) (ジョシュといっしょに)おどること。
(3) Yes, I can.

解説

2 (1) readを...ingがついた形に変え，「読むこと」という意味にする。
(2)(3) yesterday(昨日)があるので，動詞の形を変える。
3 (1) 一般動詞の疑問文は主語の前にdoを置く。
4 (1) 「見てください」と指示するので動詞のもとの形(原形)で文を始める。「…のそばに」

はbyを使う。

5 (1) 直後の文は「私はおどりが得意ではありません」という意味。

(2) itはdancing（おどり）を指す。

Stage Activity ①

p.54 ～ 55

❶ (1) 姓名はそれぞれ大文字で始める。

(2)(3) 具体的な食べ物を書く。

❷ (1) 例) I'm good at cooking.

(2) 例) I like making cake(s).

(3) 例) I often cook dinner with my mother.

(4) 例) What's your favorite food?

解説

❶ (2) 数えられる名詞は複数形で書く。ただしsushi, *yakisoba*などの料理名はふつう複数形にしない。

❷ (4) 「…は何ですか」とたずねるときは，What's [What is] ...?を,「…はだれですか」とたずねるときは，Who's [Who is] ...?を使う。「あなたの好きな…」はyour favorite ...と表す。

Small Talk! ①

p.56 ～ 57

❶ (1) イ (2) ア (3) ウ

❷ (1) ウ (2) エ (3) ア／イ

解説

❶ (1) アのSounds ....は「…そうですね」という意味。

(3) アは「私は母といっしょにそれを作ります」，イは「私は料理が得意です」という意味。

Unit 6

Story ①

基本ワーク

p.58 ～ 59

❶ (1) John likes

(2) My mother / goes

(3) He studies

❷ (1) years old (2) has

(3) go diving

❸ (1) She studies English at a language school.

(2) Meg meets many students there.

教科書内容の確認

(1) ○ (2) ×

解説

❶ (1)～(3) 主語がI，you以外で単数なので，動詞をsで終わる形にする。それぞれlike → likes，go → goes，study → studiesとする。

❷ (2) 主語（Cebu）がI，you以外で単数なので，動詞をhave → hasに変えて使う。

教科書内容の確認

(1) He meets many Asian students at school.の文に着目。卓也は学校でたくさんのアジアの生徒に会っている。

(2) Takuya ... sometimes enjoys scuba diving on weekends.の部分に着目する。

Story ②

基本ワーク

p.60 ～ 61

❶ (1) does not like (2) doesn't play

(3) doesn't study

❷ (1) a lot of (2) very much

(3) take pictures

❸ (1) He doesn't write a blog very often.

(2) She doesn't know about the book.

教科書内容の確認

(1) × (2) ○

解説

❶ (1)～(3)　主語がI, you以外で単数なので，否定文にするときは，動詞の前にdoes not [doesn't]を置く。動詞はもとの形にする。

教科書内容の確認

(1)　英文は「卓也はブログで彼の学校について書きません」という意味。

(2)　英文は「卓也は防水のカメラがほしいと思っています」という意味。

Story ③

基本ワーク

p.62 ～ 63

❶ (1)　Yes / does　(2)　No / doesn't

❷ (1)　Does he like　(2)　in

❸ (1)　Does anyone have any questions?

(2)　What does he like for dessert?

教科書内容の確認

(1)　Yes / does　(2)　means "mix"

解説

❷ (2)　「…語で」はin ...と表す。

❸ (1)　anyone(だれか)が主語になる。主語がI, you以外で単数なので，主語の前にdoesを置く。「ある」は動詞haveを使う。

(2)　what ＋三人称単数現在の疑問文にする。「デザートには」はfor dessertで表す。

教科書内容の確認

(1)　英文は「朝美は卓也のいちばん好きな食べ物について知っていますか」という意味。

(2)　英文は「ハロハロは何を意味しますか」という意味。

Unit 6　総合問題

p.64 ～ 65

1 (1)　years old　(2)　go swimming

(3)　any questions　(4)　and so on

2 (1)　eats　(2)　walk　(3)　doesn't

(4)　Does

3 (1)　Ms. Sato has lots of books.

(2)　Eri doesn't [does not] study English with her sister.

(3)　When does he practice tennis?

4 (1)　Ken sometimes meets his friends at the library.

(2)　She doesn't like the movie very much.

(3)　What languages does Yuka speak?

5 (1)　a waterproof camera

(2)　① No, he does not [doesn't].

② He gets a lot of nice comments.

③ He usually posts pictures on it.

解説

1 (2)　「…しに行く」はgo ...ingと表す。

(3)　疑問文でany のあとに数えられる名詞が続く場合は，名詞は複数形になる。

2 (1)(3)(4)　主語が三人称(I, you以外)単数で現在形なので，三人称単数現在形の文にする。

3 (2)　三人称単数現在形の否定文。動詞の前にdoesn't [does not]を置き，動詞をもとの形にする。

4 (1)　場所を表す語句はふつう文末に置く。sometimesはふつう一般動詞の前に置く。

5 (2)　① 英文は「卓也は毎日ブログを書きますか」という意味。

② 英文は「卓也は彼のブログに何をもらいますか」という意味。本文２文めに着目する。

③ 英文は「卓也はたいてい彼のブログに何を掲示しますか」という意味。本文４文めに着目する。

Let's Talk ①

p.66 ～ 67

❶ (1)　Can I　(2)　Can I　(3)　Can you

❷ (1)　Sure　(2)　Sorry / but

(3)　right　(4)　Just / moment

❸ (1)　Can I turn on the TV?

(2)　Can you help me with cooking?

解説

❷ (1)(3)　許可するときは，Sure.(もちろん)，All right.(わかった)，No problem.(いいですよ[もちろん])，OK.(よろしい[はい])などを使う。

Grammar for Communication ④

p.68 ～ 69

❶ (1) goes (2) practice (3) wants
(4) like

❷ (1) has (2) doesn't use
(3) Does / walk (4) she doesn't

❸ (1) Ken sometimes watches a soccer game.
(2) Daiki does not[doesn't] eat toast for breakfast.
(3) Does Sally study Japanese very hard?

❹ (1) Meg knows about *kabuki* well.
(2) What does Tom want to be?
(3) He does not get many comments.

解説

❶ (1)(3)(4) 主語が三人称単数。(2)は複数なので形は変えない。

❷ (1) 「毛が長い」はhave(…を持っている，…がある)を使ってhave long hairと表す。主語(my cat)は三人称単数なので，have → hasとする。

❸ (1) 主語をKen(三人称単数)にするので，動詞もwatch → watchesにする。
(2) 三人称単数現在の否定文。動詞の前にdoes not [doesn't]をつけ，動詞をもとの形にする。
(3) 三人称単数現在の疑問文。主語の前にdoesを置き，動詞をもとの形にする。

❹ (2) whatのあとに三人称単数現在の疑問文を続ける。「…になりたい」はwant to be ...で表す。

Unit 7

Story ①

基本ワーク

p.70 ～ 71

❶ (1) her / Her (2) They / them

❷ (1) me (2) him (3) them
(4) you

❸ We can buy them at the festival.

教科書内容の確認

(1) ○ (2) ×

解説

❶ (1) 「彼女を」「彼女の」はどちらもherを使う。
(2) 主語にはthey(彼らは)を使う。動詞のあと(目的語)にはthem(彼らを[に])を使う。

❷ (1) myは「私の」。 (2) hisは「彼の」。

❸ 場所を表す語句はふつう文末に置く。

教科書内容の確認

(1) 英文は「益子陶器市で，オーストラリア出身のユアン・クレイグの作品を買うことができます」という意味。
(2) 英文は「海斗は，イギリス出身の落語家の公演に行きました」という意味。

Story ②

基本ワーク

p.72 ～ 73

❶ (1) Which / or / studies math
(2) Which / or / wants / bag

❷ (1) Which do / or (2) Why don't we

❸ Which do you have, rice or toast?

教科書内容の確認

(1) a fan / a hand towel
(2) Next Sunday

解説

❶ (1)(2) Bは主語が三人称単数なので，動詞をそれぞれstudy → studies, want → wantsと変える。

教科書内容の確認

(1) 「落語家は公演で何の小道具を使いますか」

という質問。扇子と手拭いを使うと書かれている。

(2)「メグはいつ海斗といっしょにダイアン吉日の公演を見ることができますか」という質問。次の日曜日に公演があると話している。

Story ③

基本ワーク　p.74 ~ 75

❶ (1) mine　(2) Riku's

❷ (1) Here you are　(2) in

(3) Be careful with

❸ (1) This ticket is yours.

(2) *Rakugo* has a history of over 400 years.

教科書内容の確認

(1) ○　(2) ○

解説

❶ (1)「私のものです」と答える文にする。

(2)「…の(もの)」は名前に's をつける。

❸ (1) this ticket(このチケット)が主語。

(2)「ある」はhas（haveの三人称単数現在形),「…の」はofで表す。

教科書内容の確認

(1) 英文は「メグは落語の公演でたくさんの人々を見ました」という意味。

(2) 英文は「日本ではたくさんの人々が今でも落語の公演を楽しんでいます」という意味。

Unit 7　総合問題　p.76 ~ 77

1 (1) in / minutes　(2) can't wait

(3) Maybe　(4) Be careful with

2 (1) them　(2) her

(3) yours / mine　(4) Saki's / hers

3 (1) him　(2) Which / or

(3) Whose

4 (1) Do you want to buy them?

(2) Which do you drink, green tea or coffee?

(3) Whose umbrella is that?

5 (1) ① いっしょに行きませんか。

② 彼女は公演[ショー]で英語と日本語のどちらを話しますか。

(2) ウ

解説

1 (1)「…分後に」はin ... minute(s)と表す。

2 (3)「このペンはあなたのものですか」「はい，私のものです」というやりとり。「…のもの」を表す形にする。

(4)「これはサキの本です。あれも彼女のものです」という文。それぞれ「…の」,「…のもの」を表す形にする。

3 (1) A「あそこに佐藤さんがいます。彼を知っていますか」 B「はい。彼はよいテニス選手です」というやりとり。

(2) A「緑とオレンジのどちらが好きですか」 B「私は緑が好きです」というやりとり。Which ..., A or B?の文にする。

(3) A「これはだれのコンピュータですか」 B「それは私の父のものです」というやりとり。

5 (1) ① Why don't we ...?は「(いっしょに)…しませんか」という意味。

② Which ..., A or B?は「AとB，どちらを…しますか」という意味。

(2) 選択肢の英文の意味は次のとおり。 ア「落語家は公演で1つだけの役を演じます」。イ「落語家は小道具を使えません」。 ウ「メグはダイアン吉日の公演に行きたいです」。エ「ダイアン吉日は英語だけを話します」。

Let's Talk ②

p.78 ~ 79

❶ (1) ウ　(2) ア　(3) イ

❷ ① are　② good　③ wrong

④ have　⑤ bad　⑥ rest

❸ (1) What's wrong?

(2) I have a headache.

解説

❶ (1)~(3)「おなかが痛い」「熱がある」「歯が痛い」は，いずれもhave を使って言う。

Let's Listen ①

p.80 ～ 81

【練習１】

(1) 月曜日／シドニー／15

(2) スポーツ／サッカー

(3) お母さん／話すことができる

【練習２】

Monday / Sydney / fifteen / sports
soccer / mother / speak

❶ (1) イ　(2) ア　(3) イ

❷ (1) ア　(2) イ　(3) ウ

解説

❶ (3) 「彼女は日本で何をしたいと思っていますか」という質問。イ「日本食を作りたい」が正解。アは「スポーツを楽しみたい」，ウは「日本の生徒を助けたい(手伝いたい)」という意味なので誤り。

❷ (1) 「ザックは何歳ですか」という質問。

(3) 「ザックはどんな日本食が好きですか」という質問。梅干しは好きだが納豆はあまり好きではないと言っているので，ウが正解。

練習１・２【放送台本】

(1) Good morning, everyone. I want to talk about a new student. Next Monday, we can meet a boy from Australia. His name is John. He lives in Sydney. He's fifteen years old.

(2) John likes sports and he is good at playing soccer. And he wants to join our soccer team.

(3) John's mother is Japanese, so he can speak English and Japanese. Let's enjoy talking with him!

❶【放送台本】

Hi, everyone. Every year, our school has some students from Australia and America. And we have a girl from America next month. Her name is Emily. She loves sports. She is good at playing tennis, but she doesn't play baseball. She also likes cooking. She wants to cook Japanese food with you. So please help her a lot.

❷【放送台本】

Hi. I'm Zac. I live in Australia. I have a brother, Ken. I'm thirteen years old, and Ken is fifteen. We enjoy reading books about Japan. Japan has beautiful mountains, old cities, interesting museums, and so on. That's great! My favorite place is Kyoto. I want to visit old temples there. Last Sunday, I ate *natto* and *umeboshi*. I like *umeboshi*, but I don't like *natto* very much. I can see you next week. I can't wait!

Grammar for Communication ⑤

p.82 ～ 83

❶ (1) She　(2) him　(3) it
(4) mine

❷ (1) our　(2) yours　(3) them
(4) Satoru's

❸ (1) He　(2) their　(3) me
(4) It / Eri's

❹ (1) We love our father.
(2) Is this your book or your brother's?
(3) Can you tell me about her?

解説

❶ (4) 「私の本」→「私のもの」にする。

❷ (2) 「それらのラケットはあなた(たち)のものです」という文になる。

(3) a piano and a guitarを受けてthem(それらを)とする。

❹ (3) 「…してくれますか」はCan you ...?と言う。

Unit 8

Story ①

基本ワーク　p.84 ～ 85

❶ (1) is singing　(2) is swimming
(3) are playing

❷ (1) What's up　(2) Sounds like
(3) See you

❸ (1) We are thinking about tomorrow.
(2) I'm looking forward to the festival.

教科書内容の確認
(1) ○　(2) ×

解説

❶ (2) swimはmを重ねてswimmingとする。

教科書内容の確認
(1) 英文は「海斗とメグは明日について話しています」という意味。
(2) 英文は「メグは明日，時間がありません」という意味。

Story ②

基本ワーク　p.86 ～ 87

❶ (1) No / isn't　(2) Yes / is
(3) She is playing

❷ (1) Say something
(2) Happy birthday　(3) Let's be

❸ Are you taking a picture?

教科書内容の確認
(1) is decorating　(2) Asami is

解説

❶ 質問の意味は次のとおり。
(1)「リクは勉強しているのですか」
(2)「サキは昼食を食べているのですか」
(3)「エミリーは何をしているのですか」

教科書内容の確認
(1)「海斗は何をしているのですか」という質問。海斗は部屋の飾りつけをしている。
(2)「だれが誕生日カードを書いているのですか」という質問。朝美が書いている。

Story ③

基本ワーク　p.88 ～ 89

❶ (1) How　(2) How big
(3) What a kind

❷ (1) my goodness　(2) Of course
(3) You're welcome

❸ (1) What an interesting book!
(2) What a great player!

教科書内容の確認
(1) a bag　(2) Yes / does

解説

❶ (3)「なんて親切な生徒でしょう！」という意味の文にする。Whatのあとはa ＋ 形容詞(kind)＋名詞(student)の順になる。

❸ (1) an interesting bookとなることに注意。

教科書内容の確認
(1)「メグへの誕生日プレゼントは何ですか」という質問。What a cute bag! の文に着目する。
(2)「メグはプレゼントが気に入っていますか」という質問。I love it. の文に着目する。

Unit 8　総合問題　p.90 ～ 91

1 (1) What's up?　(2) Sounds like
(3) looking forward to
(4) You're welcome

2 (1) are　(2) reading　(3) Is
(4) What

3 (1) is using　(2) What are / doing
(3) What an old

4 (1) I'm helping Ken with his homework.
(2) Is Lisa practicing the guitar now?
(3) What a brave man!

5 (1) あなたは何をしているのですか。
(2) ア ×　イ ×　ウ ○
エ ○

解説

2 (1)～(3) 現在進行形の文になる。(1)は主語が複数なのでareを使う。「サリーと私は今テニスをしています」という意味。

(4) 「なんて…だろう！」と感動を表す文。名詞を含む語句が続いているのでWhatが当てはまる。

3 (2) 「彼らは今何をしていますか」という文にするので，What are they doing now?となる。a movieだけが答えの中心となる疑問文にする場合は，What are they watching now?(彼らは今何を見ていますか)とする。

(3) 「なんて古い木でしょう！」という文にする。名詞(tree)を含む語句があるのでWhatを使う。oldは母音で始まるので，an old treeとなることに注意。

4 (1) 現在進行形の文にする。

(3) 〈What + a [an] + 形容詞 + 名詞 + ！〉で「なんて…な～でしょう！」という感嘆文を作る。

5 (2) ア「海斗と朝美は部屋の飾りつけをしています」という意味。海斗がしているので誤り。イ「ジョシュはパーティーの前に写真を撮っています」という意味。ジョシュは動画を撮っている。 ウ「メグは友達からの誕生日カードをもらうことができます」という意味。エ「朝美はメグとずっと親友でいたいと思っています」という意味。

Let's Write ①

p.92 ～ 93

❶ ① Dear ② Happy ③ friend
❷ ① Dear ② like
❸ (1) Best wishes for (2) Happy New
(3) Get / soon

解説

❸ (3) getには「…を得る，受け取る，手に入れる」という意味のほかに，「(ある状態)になる」という意味がある。例)get hungry「おなかがすく」，get excited「わくわくする」

Grammar for Communication ⑥

p.94 ～ 95

❶ (1) studying (2) taking
(3) jogging (4) reading
❷ (1) am thinking (2) isn't writing
(3) Are / having (4) are
❸ (1) Tim is practicing soccer now.
(2) We are not [aren't] cooking dinner.
(3) What is Mr. Hayashi teaching?
❹ (1) I am not using the computer.
(2) Are you enjoying the party now?
(3) What are you looking at?

解説

❸ (3) 「林先生は何を教えていますか」という疑問文にする。mathだけでなくteaching mathが答えの中心になる疑問文にする場合は，What is Mr. Hayashi doing?とする。

Unit 9

Story ①

基本ワーク　p.96 ～ 97

❶ (1) to have　(2) wants to
(3) tries to read

❷ (1) サキは図書館で勉強するのが好きです。
(2) その生徒たちは英語を話そうと努力しています。
(3) 私はリリーのようになりたいです。

❸ (1) She wants to work as a doctor.
(2) I always try to do my best.

教科書内容の確認

(1) ×　(2) ○

解説

❶ (1) toのあとは動詞の原形がくる。
(3) tryは三人称単数現在形にし，toのあとのreadは原形のままにする。

❷ (3) likeは「…のように[な]」という意味。動詞のlike(…が好きである)ではないので注意。

教科書内容の確認

(1)「リリーは日本で困っている人々を助けようとしています」という文。「ケニアで」が正しい。
(2)「ほかの人たちを助けることがメグの将来の夢です」という文。to＋動詞の原形(…すること)が主語になっている。

Story ②

基本ワーク　p.98 ～ 99

❶ (1) What / study　(2) When / to go
(3) Which / want / use

❷ (1) listen to　(2) in line
(3) get to

❸ What do you want to do now?

教科書内容の確認

(1) wants / some ethnic food
(2) wants / listen to

解説

❷ (3)「…に着く」はget to ...で表す。

教科書内容の確認

(1)「海斗は何を試してみたいですか」という質問。I want to try some ethnic food ....の文に着目。
(2)「メグは最初に何をしたいですか」という質問。メグは，発表を聞きたい，発表におくれたくない，と言っている。

Story ③

基本ワーク　p.100 ～ 101

❶ (1) looks new　(2) looks hungry
(3) look happy

❷ (1) On the other hand
(2) for a long time　(3) like this

❸ (1) They're getting water from a well.
(2) We need your help.

教科書内容の確認

(1) ○　(2) ○

解説

❸ (1) 現在進行形の文。they're = they are

教科書内容の確認

(1)「毎日水を集める必要がある子供もいます」という文。someは「(中には)…もいる(ある)」という意味。
(2)「そのボランティアグループはお金を必要としています」という文。

Unit 9　総合問題　p.102 ～ 103

1 (1) in need　(2) do our best
(3) On the other hand
(4) for a long time

2 (1) to enjoy　(2) Do　(3) does
(4) looks

3 (1) tries to speak
(2) What does / do　(3) looks

4 (1) We wanted to use the room then.
(2) Rika doesn't like to go camping.

(3) Do the students look happy?

5 (1) 民族料理を試してみたいから。

(2) あなたは今，何をしたいですか。

(3) たくさんの人が列に並んでいる／見たい発表におくれる

解説

2 (3) 「ミホは昼食に何を食べるのが好きですか」という意味の文になる。主語(Miho)が三人称単数なのでdoesが当てはまる。

(4) 「…に見える」は〈look＋形容詞〉で表す。〈sound＋形容詞〉も「…そうですね」と似た意味を表すが，lookは見て感じたこと，soundは聞いて(読んで)感じたことを言うときに使う。

3 (2) 「ケンは今，何をする必要がありますか」という文にする。

4 (1) 「…したい」はwant to ...で表す。

(3) 「…に見える」は〈look＋形容詞〉で表す。

Let's Talk ③

p.104 〜 105

❶ (1) go / left / first

(2) along [down] / Turn right

❷ (1) I'm looking for City Hall.

(2) Turn right at the third traffic light.

解説

❶ in「…(の中)に」，by「…のそばに」など，場所を表す表現も復習しておこう。

(2) 「…に沿って行ってください」はGo along [down] ....と言う。

Let's Listen ②

p.106 〜 107

【練習 1】

(1) 学校／8時　(2) おやつ　(3) 傘

【練習 2】

school / eight / restaurant / don't

cannot / umbrella

❶ (1) ウ　(2) イ　(3) ア

❷ (1) イ　(2) ウ　(3) イ

解説

❶ (1) What time ...は「何時に…」という意味。

(2) Howは「どのようにして」という意味。交通手段をたずねている。

(3) 「生徒たちは何を持ってくる必要がありますか」という質問。

❷ (2) Whereは「どこで」と場所をたずねている。

(3) 「ユカは何を持ってくる必要がありますか」という質問。

練習 1・2【放送台本】

(1) Good afternoon.　I want to talk about our field trip, so please listen carefully. Please come to school at eight.

(2) We go to Asahi Zoo by bus. We can have lunch at a restaurant there, so you don't need to bring lunch. And you cannot bring snacks.

(3) Maybe it is rainy on that day, so don't forget your umbrella. Well, we can learn a lot about animals there. So let's talk about that later.

❶【放送台本】

We have a practice game at Aoba Park next Saturday. Let's meet at our school at nine. We go to the park by bike. It's usually hot, so you need to bring some drinks. And don't forget your cap. We can go home before noon, so you don't need to bring lunch. Let's do our best in the game!

❷【放送台本】

Hi, Yuka. October 13th is our volunteer day. The students of our school clean Yamato Park. You know, the park is near my house. Please come to my house at eight thirty. Let's go there together. Our teacher, Ms. Takeda brings some bags for trash, so we don't need to bring them. But you need to bring your towel. See you then!

Stage Activity ②

p.108 ～ 109

❶ (1) My hero　(2) tennis player
(3) cheer

❷ 例) My hero is Mike. He is a famous blogger. He lives in the U.K. He is good at taking pictures. His pictures always cheer me up. So I love him.

解説

❷ 解答の意味は次のとおり。「私のヒーローはマイクです。彼は有名なブロガーです。彼はイギリスに住んでいます。彼は写真を撮るのが得意です。彼の写真はいつも私を元気づけてくれます。だから私は彼が大好きです」。

Let's Read 1

p.110 ～ 111

❶ (1) Here are　(2) go up
(3) on foot　(4) Thanks for
(5) Anyway

❷ (1) あのね！
(2) 富士山にのぼって山小屋に滞在し，日の出を見ること。
(3) He is [He's] planning a summer trip to Japan.

教科書内容の確認

(1) ×　(2) ○

解説

❷ (3) 「ボブは何を計画していますか」という質問。He is [He's] planning .... と答えよう。

教科書内容の確認

(1) 「ボブは富士山でたくさんの人といっしょに歩くことが好きです」という文。I don't want to walk in crowds. の部分に着目する。crowd(s)は「人ごみ」という意味。
(2) 「幸一とボブは富士山の小屋で休憩をしたいと思っています」という文。ボブが休憩をしたいと言ったのに対して，幸一は山小屋がたくさんあるので休憩できると言っている。

Small Talk! ②

p.112 ～ 113

❶ (1) ウ　(2) ア　(3) イ

❷ (1) エ　(2) ア　(3) ウ，イ

解説

❶ (2) 相手の発言をくり返すことで，「話を聞いています」というサインになる。
(3) 否定文に対して理由をたずねるときは，Why not? と言う。

Unit 10

Story ①

基本ワーク p.114 ~ 115

❶ (1) used (2) listened (3) played

❷ (1) looked around (2) is full of
(3) On

❸ (1) I traveled to London with my friend.
(2) We stayed there for a week.

教科書内容の確認

(1) ○ (2) ○

解説

❸ (2) …週間，…時間，…年間などはfor(…の間)を使って表す。

教科書内容の確認

(1) 「クック先生は大英博物館でたくさんのおもしろいものを見ました」という文。

(2) 「クック先生はロンドンでミュージカルを見るのを楽しみました」という文。

Story ②

基本ワーク p.116 ~ 117

❶ (1) had (2) went (3) said

❷ (1) counted down (2) At midnight
(3) each other

❸ (1) We walked around that night.
(2) People stood near the clock tower.

教科書内容の確認

(1) × (2) ○

解説

❶ 過去形にする。(1)~(3)はどれも不規則に変化する動詞。

❷ (3) each other(たがいに)があてはまる。

教科書内容の確認

(1) 「クック先生はバスでビッグベンに行きました」という文。We took “the Tube” と言っているので誤り。

(2) 「クック先生は時計塔の近くで人ごみの中を歩きました」という文。Many people came and stood near the clock tower. の文に着目する。

Story ③

基本ワーク p.118 ~ 119

❶ (1) Yes / did (2) No / didn't
(3) had [ate]

❷ (1) got up (2) brought / to
(3) at home

❸ (1) What did you do yesterday?
(2) She did not watch TV last night.

教科書内容の確認

(1) made *osechi* (2) No / didn't

解説

❶ (3) have → had / eat → ate

❷ (1) get → got
(2) bring → brought

教科書内容の確認

(1) 「海斗の母はメグと彼女の家族のために何をしましたか」という質問。「彼女はおせちを作って彼らに持っていった」という意味の答えにする。

(2) 「朝美は元日に神社に行きましたか」という質問。We didn't go anywhere. の文に着目する。anywhereは，「(否定文で)どこにも(…ない)」という意味。

Unit 10 総合問題 p.120 ~ 121

1 (1) is full of (2) got up
(3) at home (4) Nothing special

2 (1) practiced (2) studied
(3) made (4) Did

3 (1) walked (2) went
(3) didn't bring

4 (1) I tried to speak English then.
(2) He took a lot of pictures yesterday.
(3) When did you see Ken?

5 (1) 新年のカウントダウンをする

(2) ①(She got there) By subway [the Tube].

② (She saw) Some great fireworks.

(3) 私はとても幸せだと感じました。

解説

❶ (2) got ← get

❷ (1) eで終わる語には-dをつける。

(3) makeは不規則動詞。

(4) 一般動詞の過去形の疑問文や否定文には，主語が何であってもdidを使う。

❸ (1) walkに-edをつけて過去形にする。

(2) goは不規則動詞。

❹ (1) try to ... で「…しようと努力する」という意味。

❺ (2) ① howは「どのようにして」という意味。交通手段をたずねている。by(…で)を使って答える。

Let's Write ②

p.122 ～ 123

❶ (1) ① Dear ⑥ Love

(2) ② snowing ③ enjoying

④ went ⑤ saw

❷ ① I'm [I am] ② I visited

③ for the first time

④ I'm [I am] having

解説

❶ (1) 終わりのあいさつはほかにYour friend,（親しい人への表現），Best wishes [Best regards],（広く用いられる表現），Sincerely yours,（改まった表現）などがある。

❷ ① 「ぼくは…にいます」はI'm .... と言う。

④ 「…な時を過ごす」はhave a ... timeと言う。

Unit 11

Story ①

基本ワーク

p.124 ～ 125

❶ (1) Yes / was (2) No / wasn't

(3) Yes / were

❷ (1) At first

(2) was / against another

(3) were

❸ (1) How was your vacation?

(2) We lost 2 to 1.

教科書内容の確認

(1) No / wasn't (2) Yes / were

解説

❷ (1) 「最初は」はat firstと表す。

(2) 対戦相手に対してはagainst「…に対抗して」を使う。

教科書内容の確認

(1) 「海斗はこの前の試合で先発メンバーでしたか」という質問。

(2) 「海斗と彼のチームの選手たちは試合のあとみな悲しかったですか」という質問。

Story ②

基本ワーク

p.126 ～ 127

❶ (1) No, there is not [isn't].

(2) Yes, there is. (3) Yes, there are.

❷ (1) There is (2) There are

(3) There was

❸ (1) Are there any students there?

(2) There was some trash near the lake.

教科書内容の確認

(1) Yes, there is. (2) Yes, there are.

解説

❷ (1) 主語(a library)が単数なので，There isとする。

(2) 主語(a lot of fish)は複数なので，There

areとする。fishは単数形も複数形もfish。

(3) 過去のことなので，There wasとなる。

❸ 場所を表す語句はふつう文末に置く。

(1) 「いくらかの，何人かの」は疑問文ではふつうanyを使う。

(2) 「いくらかの，少しの」は，肯定文ではsomeなどを使う。

教科書内容の確認

(1) 「あさひ山の近くに湖がありますか」という質問。

(2) 「キャンプ場にシャワーがありますか」という質問。

Story ③

基本ワーク p.128 ～ 129

❶ (1) was studying　(2) was taking

(3) were running

❷ (1) bring back　(2) on my way to

❸ (1) I was playing soccer outside.

(2) Were you looking for me?

教科書内容の確認

(1) ×　(2) ○

解説

❷ (2) 学校に行く途中なのは「私」なので，on my way toとする。

❸ (2) 過去進行形の疑問文。be動詞を主語の前に置く。

教科書内容の確認

(1) 「海斗は昼休みにメグをさがしていました」という文。メグが海斗をさがしていた。

(2) 「メグは海斗に写真のアルバムを持ってきました」という文。

Unit 11　総合問題 p.130 ～ 131

1 (1) At first　(2) brings back

(3) on his way　(4) showed / to

2 (1) wasn't　(2) is　(3) there

(4) studying

3 (1) were　(2) There is

(3) was cleaning

4 (1) It was very cold in Sapporo.

(2) There is a park in front of the library.

(3) What were you doing then?

5 (1) シャワーと屋外調理場もあります。

(2) ジョシュたちがさくら湖の近くにあったゴミを拾ったこと。

(3) ① Yes, there is.

② (He stayed there) For two nights [days].

解説

1 (3) 家に帰るのは「彼」なので，on his way homeとする。

2 (4) 「私たちはそのとき数学を勉強していました」という過去進行形の文にする。

3 (2) 両方とも「私たちの町に動物園があります」という意味の文になる。

(3) thenは「そのとき(に)」という意味。

4 (1) 天候，時間などはitを主語にして表すことができる。

(2) 「…がある」はThere is [are] ....の文で表すことができる。

(3) whatのあとは過去進行形の疑問文を続ける。

5 (3) ① 「あさひ山のふもとには湖がありますか」という質問。

② 「どのくらい(長く)ジョシュはそのキャンプ場に滞在しましたか」という質問。

Let's Talk ④

p.132 ～ 133

❶ (1) ウ　(2) ア

❷ (1) would / I'd　(2) Would / thank

(3) Would / to　(4) pleasure

❸ (1) What would you like to have?

(2) I would like a salad.

解説

❶ 選択肢の英文の意味はそれぞれ次のとおり。ア「何になさいますか」，イ「卵をもらえますか」，ウ「紅茶はいかがですか」，エ「どう

いたしまして」

❷ (3) Would you like to＋動詞の原形で，「…するのはいかがですか」という意味になる。

Let's Listen ③

p.134 ～ 135

【練習１】

(1) 春　(2) ３日間

(3) 何度も温泉に入った。／夕食にステーキを食べた。

【練習２】

spring / three / taking / bath / steak

Next time / swimming

❶ (1) イ

(2) ア ○　イ ×　ウ ×　エ ○

(3) You took about two hundred photos.

❷ (1) イ

(2) ア ○　イ ×　ウ ○　エ ×

(3) 例）You saw（beautiful）fireworks［a fireworks festival］.

解説

❶ (3)「私は小樽で何枚の写真を撮ったでしょうか」というクイズ。トークの後半の内容を聞き取ろう。

❷ (3)「私は栃木で夜に何をしたでしょうか」というクイズ。トークの中盤の内容を聞き取ろう。

練習１・２【放送台本】

(1) Good morning, everyone. Thank you for joining us. This is Jack. I usually walk here. This morning, I saw beautiful flowers in the park. Now, how are you enjoying the spring?

(2) Last week, I went to *onsen* with my friends. We stayed at a hotel for three days. It's a nice hotel.

(3) I enjoyed taking a bath many times. The food there was very good. I had a steak for dinner. There are a lot of famous hotels in the *onsen* area. One of them has a large swimming pool. Next time, I want to visit the hotel and enjoy swimming there.

❶【放送台本】

Hi, everyone. This is Lisa. Thank you for listening to "Lisa's Talk." Well, it's very cold today, but I love winter. Guess what? I visited Hokkaido last week. It was great! On the first day, I went to Sapporo. I saw the Clock Tower. It is about one hundred forty years old. Near the tower, there is a famous ramen shop. So, I ate ramen for lunch. The next day, I visited Otaru. There were some interesting museums. On the third day, I went back to Sapporo and enjoyed shopping, then I came home. Well, now, here is a question from Satoru. "Hi, Lisa. I live in Otaru. We have a lot of good food here. Did you try sushi?" Thank you, Satoru. Of course, I had sushi in your city. It was delicious. You live in a beautiful city. You know, I love taking pictures. I took about two hundred photos in your city! I wanted to see the Snow Festival in Sapporo, but I couldn't. I would like to visit Hokkaido again. Now, here is a quiz. How many photos did I take in Otaru? Can you answer?

❷【放送台本】

Good evening, everyone. I'm Ken. Welcome to "Happy Friday." Are you enjoying Friday night? It's very hot these days. This is my first summer in Japan. Last weekend, I enjoyed camping in Tochigi. I set up a tent and stayed with my dog for a night. Near the campground, there is a river and I went fishing. I got three fish, and I cooked them at the outdoor kitchen in the campground. At night, there was a fireworks festival. It was beautiful. The campground had a pool, and many children were enjoying swimming. Now, I want to read a question from our listener. "Hello, Ken. I'm Miki. You went camping with your dog. How nice! How did your dog like it?" Thank you, Miki. My dog loved the camping. The campground also has a park for dogs. So, he could run and play there. He looked very happy. There is a beautiful lake near the campground. I wanted to walk around the lake, but I had no time. Well, it's time for a quiz. What did I do at night in Tochigi? I would like to know your answer!

Grammar for Communication ⑦

p.136 ～ 137

❶ (1) used (2) went (3) were
(4) watching

❷ (1) didn't do (2) Were / wasn't
(3) were listening

❸ (1) When did Ken take the picture?
(2) It was not [wasn't] cold yesterday.
(3) Were they studying English then?

❹ (1) Did you get up early this morning?
(2) What was your father doing at 10 last night?

解説

❶ それぞれ過去を表す語句があるので，(1)～(3)は過去形，(4)は過去進行形にする。

❷ (1) 一般動詞の過去形の否定文はdidn'tを動詞の前に置く。

❸ (1) 「いつ(when)」とたずねる文にする。
(2) be動詞の否定文。wasのあとにnotを置く。
(3) 過去進行形の疑問文。be動詞(were)を主語の前に出す。

❹ (1) 時を表す語句はふつう文末に置く。

Stage Activity ③

p.138 ～ 139

❶ (1) ran / relay (2) behind me
(3) won / place (4) was / happy

❷ ① favorite event this year was
② was in November
③ opened a restaurant
④ made [cooked] curry and rice
⑤ enjoyed the day very much

解説

❶ (1) run「走る」の過去形はran。
(3) winの過去形はwon。

❷ すべて過去形で書く。
① 「いちばん好きな，お気に入りの」はfavoriteで表す。My favorite event this yearを主語にするとよい。
② 「…月[年]に」はinを用いる。日，曜日はonを，時間はatを使って表す。

Let's Read 2

p.140 ～ 141

❶ (1) One day (2) could not
(3) got out of (4) thanks to
(5) without

❷ (1) 彼は彼女にとってとても大切な人になりました。
(2) 例) 女の子に目の手術を受けさせたかったから。
(3) He bought flowers from the girl.

教科書内容の確認

(1) × (2) ○

解説

❷ (1) becameは become「…になる」の過去形。
(3) 「チャーリーは毎日何をしましたか」という質問。女の子から毎日花を買っていた。

教科書内容の確認

(1) 「チャーリーはお金持ちだったので，女の子にたくさんのお金をあげました」という文。
(2) 「お金持ちの男性はチャーリーについて思い出せませんでした」という文。

定期テスト予想問題

Unit 0・1 定期テスト予想問題

p.142 ～ 143

1 (1) イ (2) ア
2 (1) am (2) Call (3) watch
3 (1) Can / see (2) How about
(3) Me / too
4 (1) I'm not a soccer fan.
(2) Can we play tennis there?
5 (1) just a little
(2) ① Yes, I can. ② Yes, I do.
6 I am twelve [thirteen].

解説

2 それぞれ次の意味になる。
(1)「私はシドニー出身です」
(2)「私をケンと呼んでください」
(3)「私はしばしばすもうを見ます」
3 (1) 「見える」はseeを使う。watchはテレビやスポーツなど動くものを注意して見るときに使う。
4 (2) 場所を表す語(there)はふつう文の最後に置く。
5 (1) just a littleは「少しだけ」という意味。
(2) ① 「いいえ」で答えるときはNo, I can't [cannot].となることも覚えておく。コンマ(,)やアポストロフィ(')の位置に注意する。cannotは×can notと離さずに1語で書く。
6 自分の年齢までの数字は書けるようにしておくとよい。

1【放送台本】

(1)
Lisa : Hello. Are you Daiki?
Keita : No, I am not. I'm Keita.
(2)
Mike : Do you like basketball, Yuka?
Yuka : Yes, I do. But I don't play it.
Mike : How about tennis?
Yuka : Oh, I often play it.

Unit 2　定期テスト予想問題　p.144 ～ 145

1　(1)　ア　(2)　イ

2　(1)　around　(2)　in　(3)　by

3　(1)　Is / it　(2)　What's / It's

(3)　Who's / She's

4　(1)　The market is not crowded.

(2)　How do you cook the vegetable?

5　(1)　朝食に何を食べるかという

(2)　海斗が朝食にご飯とみそ汁，卵やソーセージも食べること。

(3)　No, I don't.

6　Nice to meet you.

解説

2　(1)　around hereで「このあたりに」という意味。「ここに」と言いたいときはhereだけでよい。例)I live here.

(2)　「あなたは１年C組ですか」という意味。

(3)　「自転車で」はby bikeと表す。この場合×by a bikeとは言わないことも覚えておきたい。

3　(1)(2)　答えるときはthe bookやthatの代わりにitを使う。

(3)　Who isの短縮形はWho's，She isの短縮形はShe's。

4　(2)　「どのように」はhowで表す。

5　(1)　①は「あなたはどうですか」という意味。

(3)　「あなたはいつも朝食に日本食を食べますか」という質問。

1【放送台本】

(1)

Mike :　Is this your umbrella?

Yuka :　Yes, that's my umbrella.　Thank you.

(2)

Lisa :　Is Mary your friend?

Keita :　Yes, she is.

Lisa :　Is she from America?

Keita :　No, she's not.　She's from Australia.

Unit 3　定期テスト予想問題　p.146 ～ 147

1　(1)　イ　(2)　ア

2　(1)　in　(2)　at　(3)　on

3　(1)　When / On　(2)　want to be

(3)　Where / near [around]

4　(1)　Where do you practice before the game?

(2)　How many towels do you bring to practice?

5　(1)　those men

(2)　コーチが毎週金曜日に来ること。

(3)　(I'm [We're] off) On Tuesdays and Sundays.

6　例)　I want to live in Kanazawa.

解説

2　それぞれ次の意味になる。

(1)「あなたはブラスバンドに入っていますか」

(2)「私たちは緑《みどり》ホールでコンサートがあります」

(3)「私たちの次の試合は８月10日です」。日付や曜日はonを使って表す。

4　(1)　「試合の前に」はbefore the game。時や場所を表す語句はふつう文の最後に置く。

(2)　「いくつの」は〈How many＋名詞の複数形〉で表す。

5　(3)　「あなた(たち)はいつ休みですか」という質問。朝美《あさみ》の１つめの発言に着目する。

6　「…したい」はI want to .... と言うとよい。「…（町・都市)に住む」はlive in ...が適切。

1【放送台本】

(1)

Mike :　Do you study English today?

Yuka :　Yes, I do.

Mike :　Where do you study it?　In your classroom?

Yuka :　No, I study it in the computer room.

(2)

Lisa :　I love tennis.　I practice it three days a week.

Keita :　When do you practice?

Lisa : On Tuesdays, Fridays, and Sundays.
Keita : Wow, you practice hard.

Unit 4 定期テスト予想問題 p.148 ～ 149

1 (1) ア (2) イ
2 (1) How's / It's (2) What time / At
(3) What color(s)
3 (1) Go / turn (2) right
(3) Don't / or
4 (1) It's so hot in Osaka.
(2) Go to the gym after first period
5 (1) あなたはどんなスポーツが好きですか。
(2) netball [Netball] (3) Yes, I do.
6 What Japanese food can you cook [make]?

解説

2 (1) 「札幌の天気はどうですか」「今日は寒いです」というやりとり。How isの短縮形はHow's, It isの短縮形はIt's。天候や時間はIt's .... と表すことができる。
(2) 「あなたは何時に起きますか」「6時に(起きます)」というやりとり。「(今)6時です」と言うときはIt's six.と言うが，「6時に(…します)」と言うときはAt six.と言う。
3 (1) 相手に「…してください」と言うときは動詞のもとの形(原形)で始める。
(3) 「…しないでください」はDon't .... と言う。
4 (2) 時を表す語句はふつう文の最後に置く。
5 (3) 「あなたはサッカーのことを『フットボール』と呼びますか」という質問。
6 what Japanese foodで「どんな日本料理を」と表すことができる。作れるかたずねるときはcan you cook [make]?とするとよい。

1【放送台本】
(1)
Mike : Ms. Taylor, can I study in the computer room?
Ms. Taylor : Yes, you can. But don't have lunch there.
Mike : I see. Where can I have it?
Ms. Taylor : In your classroom.
(2)
Keita : Hi, Lisa. What time is it in the Philippines?
Lisa : Hi, Keita. It's four p.m. here.
Keita : Really? The time is a little different. It's five in Japan.

Unit 5 定期テスト予想問題 p.150 ～ 151

1 (1) イ (2) イ
2 (1) at (2) on (3) in
3 (1) by / on (2) Are / at swimming
(3) was over there
4 (1) Do you like going shopping?
(2) I enjoyed cooking with my mother.
5 (1) おどりを楽しんだ。／リンゴあめを食べた。／たくさんのすばらしい花火を見た。から2つ
(2) It was (big and) delicious.
6 例) I had [ate] rice and miso soup this morning [for breakfast today].

解説

2 それぞれ次の意味になる。
(1) 「この地図を見てください」
(2) 「さあ，ショウタ。きみはできるよ！」
(3) 「赤いTシャツの女の子が見えますか」
3 (2) 「…が得意だ」はbe good at ...で表す。
5 (1) 本文2，3，5文めに着目する。
(2) 「りんごあめはどうでしたか」という質問。本文3，4文めに着目する。
6 例) I had bread, sausages, and a salad this morning.(私は今朝，パンとソーセージとサラダを食べました)／I ate rice, an egg, and (some) fruit for breakfast today.(私は今日朝食に，ご飯と卵(1つ)と(いくらかの)果物を食べました)
過去のことを言うので，「食べた」はhadかateを使う。

1【放送台本】

(1)

Mike : Mother, can I use your computer?

Mother : Yes, you can. It's in my bag.

Mike : Thank you. Oh, in the bag on the table?

Mother : No, in the bag under the table.

(2)

Lisa : I love music. How about you, Keita.

Keita : Me, too. I like playing the guitar.

Lisa : Great. I can't play it, but I sometimes enjoy playing the piano.

Keita : Oh, let's enjoy music together.

Unit 6 定期テスト予想問題 p.152 ～ 153

1 (1) イ (2) ア (3) ウ

2 (1) uses (2) has (3) study

3 (1) very much (2) a lot of

(3) he does

4 (1) Eri enjoys cooking on weekends.

(2) He does not post pictures on his blog.

5 (1) 例) だれか質問のある人はいますか。

(2) ウ，エ

6 例) My mother sometimes enjoys reading a book.

解説

2 主語が三人称単数で現在のことを言うときの文。

(1) 動詞にsをつける。

(2) haveはhasになる。

(3) 疑問文はDoes ... ?の形。動詞にはs, esをつけない。

3 (2) a lot ofは「多くの，たくさんの」という意味。

5 (1) anyoneは「だれか」，anyは疑問文で「何か」を表す。

(2) ア「卓也は酸っぱい食べ物が好きではありません」。イ「シニガンは甘いパフェです」。ア，イともに朝美の2つめの発言から誤りだとわかる。ウ「卓也はデザートにハロハロを食べるのが好きです」。海斗の2つめの発言とその直後の朝美の発言に着目する。エ「ハロハロはフィリピン語で『混合』を意味します」。最後の2つの発言に着目する。

6 例) My father enjoys fishing (in summer).(父は(夏に)つりを楽しみます。)

enjoy(楽しむ)を使って書くとよい。主語が三人称単数で現在のことを言うので，sをつけてenjoysにする。enjoy(s)のあとに...ing形の語やスポーツ名などを置くと，「…を楽しむ」と表現することができる。

1【放送台本】

A : Does your friend Sally speak English?

B : Yes, she does. She's from Australia.

A : Oh, I see. Does she play tennis?

B : No, she doesn't. But she plays basketball well.

A : Does she like music?

B : Yes, she does. She sings really well. She also plays the piano.

A : Great! Does she eat rice?

B : Yes, she does. She sometimes has rice and miso soup for breakfast.

Unit 7 定期テスト予想問題 p.154 ～ 155

1 (1) エ (2) ア (3) イ

2 (1) him (2) us (3) them

3 (1) history / over (2) Which / or

(3) Why don't we

4 (1) Whose towel is that?

(2) Which does she want to buy, cake or chocolate?

5 (1) これはだれのチケットですか。

(2) my ticket

(3) 例) あなたのチケットの扱いに気をつけてください。

6 例) Which do you like, dogs or cats?

解説

2 「…を」，「…に」の形にする。それぞれ次の意味になる。

(1)「あれは兄です。彼を知っていますか」

(2)「あなたについて私たちに話してください」

(3)「あれらの本は役に立ちます。私はしばしばそれらを読みます」

3 (1) overは「…より多く，…をこえて」という意味。

(3)「…しませんか」はwhy don't we ...?で表す。

4 (1)「だれの…」はwhoseで表す。

(2)「どちら，どれ」はwhich。「Aですか，それともBですか」はA or B?で表す。

5 (1) whose ticketは「だれのチケット」という意味。

(2) mineは「私のもの」という意味。言いかえるとmy ticketになる。

(3) be careful with ...は「…の扱いに気をつける」。

6 Which(どちら)で始めるとよい。「Aですか，それともBですか」はA or B?で表すことができる。「…が好き」と言うときには，数えられる名詞は複数形にする。Which ...とA or Bはコンマ(,)で区切る。

1【放送台本】

A : Oh, you have a nice computer, Tom. Is it yours?

Tom : No, it's not mine.

A : Whose computer is it?

Tom : It's my father's. My sister and I sometimes use it.

A : I see. Is the guitar by the bed yours?

Tom : Yes, it's mine. It's new.

A : It's nice. I like it. Is the bag by the table yours, too?

Tom : No, it's not. It's my brother's.

Unit 8　定期テスト予想問題　p.156 ～ 157

1 (1) エ　(2) ア　(3) イ

2 (1) reading　(2) making

(3) running

3 (1) See you　(2) How

(3) looking forward to

4 (1) What a wonderful performer!

(2) What is happening in your city?

5 (1) プレゼントを開けてもいいですか。

(2) なんてかわいいバッグでしょう！

(3) She loves it.

6 例) What are you doing (now)?

解説

2 現在進行形の文。それぞれ次の意味になる。

(1)「私は今，本を読んでいます」

(2)「エリはケーキを作っていますよね」

(3)「何人かの人々が公園の中を走っています」

4 (1) Whatのあとは〈a＋形容詞＋名詞〉の順になることに注意。

(2) what(何)を主語にする。

5 (3)「メグはプレゼントをどのくらい好きですか(気に入っていますか)」という質問。

6 whatで始めて，「何を…」とたずねるとよい。今していることをたずねるときは，現在進行形を使う。現在進行形は「今…している」ということを表すので，nowはなくてもよい。

1【放送台本】

(1)

A : Where's Mike?

B : He's at home.

A : What's he doing? Is he watching TV?

B : No, he's not. He's studying math.

(2)

A : Is Yuka watching TV?

B : No, she's not.

A : What's she doing?

B : Oh, she's having breakfast.

(3)

A : What are you doing?

B : I'm waiting for Mike.

A : Look! That's Mike, right?

B : Oh, yes. He's walking fast.

Unit 9　定期テスト予想問題　p.158 ～ 159

1 (1)　ア　(2)　イ

2 (1)　as　(2)　to　(3)　in

3 (1)　How does / to　(2)　tried to

(3)　looks / cool

4 (1)　Do the students need to wait in line?

(2)　We don't want to be late for the practice.

5 (1)　彼らは幸せそうに見えます。

(2)　水を集める／長い間歩いている

(3)　The group tries to build wells (in the villages).

6 例) I want to do my best.

解説

2 それぞれ次の意味になる。

(1)「伊藤さんはイギリスで教師として働いています」

(2)「スピーチを聞いてください」

(3)「彼は多くの困っている子供たちを助けました」

3 (1)　get toは「…に着く」という意味。

(2)　try to ...は「…しようと(努力)する」という意味。

(3)「…に見える」はlookで表す。

4 (1)　in lineで「1列に並んで」という意味。

5 (2)　第2段落の内容を読み取る。

(3)「そのボランティアグループは何をしようとしていますか」という質問。本文最終文に着目。

6 「…したい」はwant to ...で，「最善を尽くす」はdo one's bestで表すことができる。私が最善を尽くすのでdo my bestとする。

1【放送台本】

(1)

Yuka : My friends and I have a birthday party for Lisa tomorrow. Do you want to come, Mike?

Mike : Of course. Can I help you with decorating the room for the party?

Yuka : No, Sally and Akira can do that. I need to go shopping for the party this afternoon. Can you come with me?

Mike : OK, Yuka.

(2)

Keita : Lisa, where do you want to go next summer?

Lisa : I want to go to Okinawa. I want to enjoy swimming there. How about you, Keita?

Keita : I love beautiful nature. So I want to go to the mountains and take some pictures.

Let's Read 1　定期テスト予想問題　p.160 ～ 161

1 (1)　to buy　(2)　Do　(3)　reading

(4)　looks

2 (1)　Guess what

(2)　looked interested

(3)　tried to / information

(4)　Also / easily

3 (1)　Where does / want

(2)　on foot

4 (1)　Does your mother look tired today?

(2)　I want to stay at my grandmother's house.

5 (1)　あなたはどの登山道を利用したいですか。

(2)　例)　5合めまでバスで行って，それから徒歩でのぼる。

(3)　It [Mt. Fuji] has four trails. [Four.]

6 例)　What do you want to be?

解説

3 (1)　at this restaurant(このレストランで)が答えの中心になるので，where(どこで)を使ってたずねる。

(2)　on footは「徒歩で」という意味。

5 (1)　trailは「登山道」，takeはここでは「…を利用する」という意味。

(2)　本文4文めに着目する。thenは「それから」という意味。

(3) 「富士山にはいくつの登山道がありますか」。本文３文めにfour trailsとある。

6 「…になりたい」はwant to be …で表すことができる。何になりたいかたずねるので，whatを使ってたずねるとよい。６語以上の指定がなければ，What is your dream job?(あなたの夢の職業は何ですか)とたずねてもよい。

Unit 10 定期テスト予想問題 p.162 ～ 163

1 (1) イ (2) ウ (3) イ

2 (1) wanted (2) tried (3) came

3 (1) each other (2) was full of
(3) counted down

4 (1) I didn't study math at home.
(2) How did you spend the night?

5 (1) 海斗のお母さんがおせちを(いくらか)作ってそれを私たちに持ってきました。
(2) ① Yes, they did.
② 例) She went to a shrine.

6 例) What time did you get up this morning?

解説

2 過去のことなので過去形にする。それぞれ次の意味になる。
(1) 「私は買い物に行きたかったのですが，時間がありませんでした」
(2) 「サリーは昨夜うどんを作ろうとしました」
(3) 「昨日，何人かの生徒はバスで学校に来ました」

3 (1) each otherは「たがいに」という意味。
(2) be full ofで「…でいっぱいである」という意味。過去のことなのでbe動詞は過去形のwasにする。

5 (1) someは「いくらか，少し」という意味。おせちを指しているので「おせちをいくらか」ということ。
(2) ① 「メグと彼女の家族は何か伝統的なお正月の食べ物を食べましたか」という質問。
② 「メグは元日にどこに行きましたか」という質問。メグの１つめの発言に着目する。

6 何時かたずねるときはwhat timeを使うことができる。過去のことをたずねるので〈did you＋動詞の原形...?〉を続けるとよい。「起きる」はget up,「今朝」はthis morningと表すことができる。

1【放送台本】

Hiroshi : Did you enjoy your winter vacation in Japan, Ms. White?
Ms. White : Yes, I did.
Hiroshi : What did you do during the vacation?
Ms. White : I went to Karuizawa with my Japanese friends.
Hiroshi : What did you do there?
Ms. White : I skated a lot. I had a wonderful time.
Hiroshi : Can you skate well?
Ms. White : Yes, I can skate very well. How about you, Hiroshi?
Hiroshi : I can skate, but not very well.
Ms. White : I see. We tried some special soba on New Year's Eve and visited a shrine on New Year's Day.

Unit 11 定期テスト予想問題 p.164 ～ 165

1 (1) イ (2) ア

2 (1) was (2) are (3) enjoying

3 (1) setting up (2) Good job
(3) there isn't

4 (1) There were no baseball games last Sunday.
(2) What was Ken talking about?

5 (1) 例) 私はあなたに今年の写真のアルバムを見せたかったです。
(2) ① 例) She was looking for him during lunch break.
② 例) No, he wasn't.

6 例) Where were you this morning?

解説

2 (1) amの過去形wasにする。

(2) There is [are] ....(…がいる[ある])という文。

(3) 〈was [were] ...ing〉で「…していました」という意味になる。

5 (1) thisは直後の１文にあるa photo album for this yearを指す。

(2) ① 「メグはいつ海斗を探していましたか」という質問。メグの１つめの発言に着目する。以下のように省略することもある。

例) During lunch break.

② 「海斗は体育館でサッカーをしていましたか」という質問。海斗の１つめの発言から，外(outside)でしていたことがわかる。

6 場所をたずねるのでwhereで始めるとよい。「いる」はbe動詞で表すことができる。過去のことなのでwere you ...?と過去形にするとよい。「今朝」はthis morningで表す。

1【放送台本】

(1)

Lisa : Do you want to see any pictures of my room, Keita?

Keita : Yes, I do. Oh, your room looks nice. There's a computer on the desk. Do you often use it?

Lisa : No, I don't. I don't like to use computers.

Keita : I see two cats under the bed. They're cute.

Lisa : Yes, I love them. Do you have any pets, Keita?

Keita : Yes, I do. I have three birds.

(2)

Keita : Oh, there's a nice bag on the table.

Lisa : It's a present from my mother. Look at the guitar by the door. My father bought it for my birthday last Sunday. I like playing the guitar very much.

Let's Read 2 定期テスト予想問題 p.166〜167

1 (1) were (2) bought (3) Were

(4) could

2 (1) One night (2) walked away

(3) became / important to

(4) studying / wasn't

3 (1) What was / doing

(2) Did / give

4 (1) The man did not say anything.

(2) The girl could not see Charlie's face.

5 (1) 今，彼女はチャーリーのおかげで見ることができました。

(2) 例) チャーリーの手にふれたときの感触を覚えていたから。

(3) No, he didn't.

6 例) I could not clean my room yesterday.

解説

1 過去の文にする。

(4) couldはcanの過去形。

2 (3) becameはbecomeの過去形。

3 (1) 「何をしていましたか」という文にする。

5 (1) thanks to ...は「…のおかげで」という意味。

(2) She touched his hand and remembered.(彼女は彼の手にふれて思い出しました)という文に着目する。

(3) 「チャーリーは女の子と話しましたか」という質問。最終文に着目する。

6 例) I could not practice basketball yesterday.(私は昨日，バスケットボールの練習ができませんでした)／I could not watch TV last night.(私は昨夜，テレビを見ることができませんでした)

できなかったことを表すので，could notを使うとよい。「昨日」はyesterday。